o que
você está
Esperando?

KRISTEN MOELLER

O que você está Esperando?

Como se reerguer diante dos desafios da vida

Tradução de **Fernanda Ruiz**

MAGNITU^DDE

O que você está esperando?
Título original: *What are you waiting for?*
Copyright © 2013 by Kristen Moeller

Copyright desta tradução © 2015 by Lúmen Editorial Ltda.
Todos os direitos reservados.

Magnitudde é um selo da Lúmen Editorial Ltda.
1ª edição – abril de 2015
Direção editorial: *Celso Maiellari*
Direção comercial: *Ricardo Carrijo*
Coordenação editorial: *Casa de Ideias*
Preparação de originais: *Rafael Faber Fernandes*
Projeto gráfico, capa e diagramação: *Casa de Ideias*
Revisão: *Thais Rimkus*
Impressão e acabamento: *Gráfica Paym*

Dados Internacionais de Catalogação na Publicação (CIP)
(Câmara Brasileira do Livro, SP, Brasil)

Moeller, Kristen.
   O que você esta esperando? : como se reerguer diante dos desafios da vida / Kristen Moeller ; prefácio por Jack Canfield ; tradução de Fernanda Ruiz. – São Paulo: Lúmen Editorial, 2015.

   Título original: What are you waiting for?
   ISBN: 978-85-65907-33-0

   1. Autoajuda 2. Autoajuda (Psicologia) 3. Autorrealização (Psicologia) – Conduta de vida 4. Corpo e mente 5. Crescimento pessoal 6. Desenvolvimento pessoal I. Canfield, Jack. II. Título.

15-02446   CDD-158.1

Índices para catálogo sistemático:
1. Autorrealização : Desenvolvimento pessoal :
Psicologia 158.1

MAGNITU^DDE

Rua Javari, 668
São Paulo – SP
CEP 03112-100
Tel./Fax (0xx11) 3207-1353

visite nosso site: www.lumeneditorial.com.br
fale com a Lúmen: atendimento@lumeneditorial.com.br
departamento de vendas: comercial@lumeneditorial.com.br
contato editorial: editorial@lumeneditorial.com.br
siga-nos nas redes sociais:
twitter: @lumeneditorial
facebook.com/lumeneditorial

2015

Proibida a reprodução total ou parcial desta obra
sem prévia autorização da editora.
Impresso no Brasil – *Printed in Brazil*

*Ao meu melhor amigo,
alma gêmea e marido, David.
Com eterna gratidão por seu
apoio e amor incondicional.
Sou abençoada por percorrer
os incêndios da vida com você ao meu lado.*

A vida é uma grande tela, na qual você deve jogar toda a tinta que puder.

(*Danny Kaye*)

Eu me contradigo? Muito bem, então eu me contradigo; sou grande, contenho multidões.

(*Walt Whitman*)

Agradecimentos

Sem o amor e o apoio da família e dos amigos, este livro – e esta jornada – não teria sido possível. Obrigada a todos, do fundo do meu coração até a ponta dos meus dedos dos pés. Agradeço especialmente às minhas editoras fabulosas. A Ellen Moore, por me fazer continuar quando tudo o que eu queria era desistir e por sua brilhante contribuição a estas páginas – este livro teria permanecido apenas "uma boa ideia" sem sua orientação e seu amor. Obrigada a Kara Wuest, da Viva Editions, e a Mary Ann Tate, da Art of Words, por interpretarem o que eu não conseguia ver. Um livro sem um editor é como um sanduíche sem recheio – inacabado, insosso e difícil de engolir. Obrigada a toda a equipe da Viva Editions, principalmente a Brenda Knight, por reconhecer o valor deste livro e por ser minha heroína enquanto eu enfrentava o incêndio.

Sumário

Apresentação – Jack Canfield.. 11

Prefácio – Minha casa em chamas................................. 13

Introdução – Afinal, o que estamos esperando?............ 17

capítulo 1   Esperando por mim.....................................23

capítulo 2   Grandes esperanças:
aceitando nosso verdadeiro eu 31

capítulo 3   Esperando até que esteja absolutamente certa......... 39

capítulo 4   Santo desapego..................................... 45

capítulo 5   À espera do amor 59

capítulo 6   Com uma pequena ajuda
dos meus amigos, eu consigo.................... 71

capítulo 7   Ela é uma mãe sensacional 79

capítulo 8   Esperando me tornar a pessoa
que meu cão pensa que sou 87

capítulo 9   Desembrulhe seus próprios presentes...................... 93

capítulo 10 Uma vítima do sucesso.......................... 101

capítulo 11 Esperando o navio atracar....................... 107

capítulo 12 Encontrando o verdadeiro norte............ 117

capítulo 13 Esperando até que eu tenha vontade.......... 127

capítulo 14 Esperando que algo ruim aconteça.......... 139

capítulo 15 Esperando que Deus apareça............ 147

capítulo 16 Saber quando parar............ 155

capítulo 17 Não esperar mais?............ 165

Palavras finais............ 171

Apresentação

Parece que nosso dilema como seres humanos é esperar por uma solução para os problemas. Parecemos compulsivos em nossos esforços para buscar respostas, conforto e direção vindos "de fora". Olhamos para os outros buscando orientação e esperança, um raio de entendimento, uma autoridade fora de nós mesmos – talvez um livro, um professor, como eu, ou uma crença espiritual – para nos dizer o que (e como) fazer para finalmente sermos felizes, saudáveis e ricos.

Neste livro, Kristen Moeller pergunta: "Por que esperar?".

Com um estilo pessoal e envolvente, ela oferece sua história de vida mais íntima, descrevendo com muita verdade suas próprias lutas. A cada capítulo, demonstra rara bravura e vontade de ser autêntica, enquanto desmantela corajosamente sua vida, olhando para as situações em que esperou passivamente que algo mudasse. Ela escreve com o compromisso de agir, abraçando sua humanidade, mostrando como podemos fazer o mesmo.

Em cada capítulo, temos a oportunidade de rever nossa própria jornada, observar onde estamos parados, indecisos e empacados.

Ao final deste livro e de sua reflexão, você verá onde a vida começa. Verá que todas as respostas de que precisa vêm de dentro. Aprenderá a não mais esconder sua magnificência e a se abrir para o propósito da vida!

JACK CANFIELD
Coautor de *Canja de galinha para a alma* e *Os princípios do sucesso.*

Prefácio

Minha casa em chamas

Chegou a hora de transformar seu coração em um templo do fogo.

(Rumi)[1]

Ontem assisti às últimas partes de metal que um dia foram minha casa serem levadas embora. Reuni forças e dei uma olhada antes que o caminhão desaparecesse do meu campo de visão. Pedaços da minha casa, pedaços da minha vida e lembranças transformadas em montes de entulho, em seguida desapareceram rumo ao posto de reciclagem.

Nesses três meses do ano que declarei ser "o momento do desapego", minha casa e mais vinte foram totalmente queimadas em um grande incêndio que matou três pessoas e mudou radicalmente a vida de muitas outras. Se eu soubesse que essa catástrofe aconteceria, nunca teria proferido aquela declaração, mas infelizmente não nos é dado o dom da premonição. O que parecia a realização de minha necessidade de ser mais, fazer mais e ter mais tornou-se a maior lição de desapego que já tive. Estando cara a cara com uma tragédia, é fácil perguntar "por quê?". Durante esses episódios, parece que a vida não faz sentido, não é previsível nem justa. Temos a percepção de que qualquer coisa

---

[1] Mawlānā Jalāl-ad-Dīn Muhammad Rūmī, também conhecido como Mawlānā Jalāl-ad-Dīn Muhammad Balkhī, ou ainda apenas Rumi ou Mevlana, foi um poeta, jurista e teólogo sufi persa do século XIII (N. E.).

pode acontecer a qualquer minuto, de que não há garantias. E depois vem a escolha: ficar na angústia da incerteza ou simplesmente aceitar a vida nos termos que ela propõe.

Na mesma época de minha declaração de desapego, eu disse sim à oferta de escrever este livro. Depois de ter dedicado minha vida ao tema da espera ao escrever meu primeiro livro, o assunto havia se tornado obsoleto. Eu já não tinha mais certeza do que isso significava. Muitas vezes, pensei: "O que realmente significa esperar? Qual é a diferença entre espera, paciência e procrastinação? Há alguma esperança real de que um dia paremos de esperar? Existem momentos apropriados para esperar em vez de saltar? Como saberemos a diferença?".

Todos já ouvimos falar de arrependimentos no leito de morte. Sabemos que devemos aproveitar a vida. Vemos as pessoas "vendendo" seus sonhos e juramos que não faremos isso, apesar de no fundo sabermos que, sim, faremos. Gostaríamos de saber de quantas segundas chances precisamos. Quantos chacoalhões teremos de receber para aprender?

Como você, tive minha própria cota de sacudidas durante meu curto tempo de vida até agora. Quando jovem, me recuperei de vícios graves, sobrevivi a um melanoma, abortos e perdas de pessoas queridas. Cada vez que algo acontece, reavalio a vida e acredito que ganho uma nova perspectiva. E assim, lentamente, escorrego de volta ao *status quo*, é como se eu adormecesse ao volante.

Esse é o destino trágico da condição humana. Temos o que poderia ser chamado de "narcolepsia espiritual". Esquecemos quem somos, o que somos capazes de fazer e como é sentir-se profunda, intensamente e alegremente vivo. Esquecemos o que significa ser livre.

A verdade é esta: mesmo antes de minha casa ser incendiada, eu não era livre. Eu estava esperando. Se você tivesse me perguntado "esperando o quê?", talvez eu não soubesse a resposta. No entanto, havia uma nuvem de angústia logo abaixo da superfície, atingindo minha cabeça de vez em quando para me lembrar de sua presença. Mesmo depois de uma jornada de crescimento pessoal, abrangendo mais de duas décadas, eu ansiava pelo sentimento de estabilidade; faltavam-me a paz e a sensação de liberdade que eu tanto almejava.

Vendo como eu ainda esperava inerte, parei para pensar. Alguém poderia pensar que, com um mestrado em *counseling*[2], uma infinidade de programas transformacionais, centenas de livros de autoajuda, anos

---

[2] *Counseling*: processo de interação entre duas pessoas (*counselor* e cliente) com o objetivo de ajudar a pessoa a se ajudar (N. T.).

de trabalho com fabulosos mentores e instrutores, eu estava em paz. No entanto, minha mania de perfeição "vermifugou" o caminho da busca pelo crescimento, me encobrindo com o manto do desenvolvimento pessoal. Eu me enganei acreditando que, com muito estudo e prática, seria "corrigido", atingiria o estado ilusório da perfeição, encontraria um significado, talvez até mesmo o sentido da vida! E, então, e só então, estaria livre.

Mas quanto mais eu procurava a "resposta", mais eu perdia o foco. Se minha casa não tivesse sido totalmente queimada, este livro teria sido muito diferente. Eu poderia ter arriscado em algo seguro. Eu poderia ter esperado para lhe mostrar os "cinco passos simples para nunca mais esperar", mas adivinhem! Não há "cinco passos simples", eles não existem. Não há "solução rápida". Assim, em vez das palavras diluídas em espera, enquanto esperei pela minha vida, você recebe um novo posicionamento perante a vida, um senso de urgência intensificado e uma maior compaixão pelas lutas humanas.

No período de transição, depois que perdi minha casa e todos os meus bens, a dor se tornou minha professora. Enquanto lutava para ter uma vida vibrante, desenvolvi um respeito totalmente novo, tanto no que se refere a entrar de cabeça em uma ação como ao significado da espera. Aprendi a verdadeira diferença entre a espera como um tipo de fuga e descontentamento e a espera necessária para passar por um processo de luto. Enquanto olhava profundamente para antigos comportamentos, flexibilizei a ideia de que a vida seguiria como pensei que deveria seguir.

Se antes eu era movida por minha ânsia por sucesso, agora isso parece tão inútil quanto os restos de minha casa. Em vez de minha impulsividade, o que começou a emergir quando a fumaça se dissipou e as cinzas se assentaram foi uma liberdade recém-encontrada de simplesmente ser.

E, no entanto, se eu pudesse, de uma vez por todas, dizer-lhe o segredo para a espera – a misteriosa razão por que esperamos e como parar – teria sido apenas uma hipótese. Por muito tempo desejei uma varinha mágica para fazer que todo esse mundo louco fizesse sentido. Agora já não acredito mais que a tal varinha existe. Portanto, em vez de uma varinha, oferecerei palavras e contos para descobrirmos juntos as coisas que nos mantêm presos à vida e nos mantêm à espera de nos sentirmos livre.

Andarei com você, iluminando os cantos e os recantos da vida, onde a espera se esconde. Exploraremos sonhos perdidos e objetivos esquecidos. Descobriremos as razões por trás da espera. Afastaremos soluções rápidas que nos acalmam temporariamente, mas nos deixam querendo mais. Diremos a verdade sobre todos os momentos de inércia e chegaremos a um acordo sobre o impacto que a espera teve no passado, como nos prejudica agora mesmo, e como continuará nos prejudicando no futuro se não modificarmos nosso modo de vida.

A verdade é que você esperará novamente. Não fingiremos que isso não é assim. Não vamos fazer um curativo e tomar ações vazias que resultam de nossas tentativas de negar esse fato. A vida não vem embrulhada em um lindo pacote – ainda assim, muitos de nós procuramos exatamente isso. E, quando não acontece dessa forma, voltamos para onde começamos e nos perguntamos como chegamos a esse ponto.

Enquanto escrevia este livro, morei em porões de amigos, em quartos de hotel, por um curto período em um trailer Airstream 1967, em nosso terreno queimado; então, finalmente, em uma nova casa, em um cenário diferente. Enquanto vagava, eu me questionava. Enquanto me questionava, eu escrevia.

Nestas páginas, estou soando o alarme de incêndio. Estou chamando as tropas. Estou gritando aos quatro ventos: "É hora de acordar!". E estou sussurrando no escuro. Estou chamando você suavemente. Estou o encorajando a investigar aquilo que implora por atenção. Enquanto lê minhas palavras, espero garantir que entendo seu grande esforço, enquanto faço você se lembrar do motivo pelo qual está aqui.

Esta viagem não é para os fracos de coração. Espreitar as profundezas da alma para enxergar a verdade é para os corajosos. Continuar a se recompor enquanto espera novamente com compaixão e espírito manso é o que faz um coração valente.

Introdução

Afinal, o que estamos esperando?

Todo mundo está esperando.
Esperando que o peixe morda a isca,
esperando o vento para que pipa voe
ou esperando pela sexta à noite...
(DR. SEUSS, *AH, OS LUGARES AONDE VOCÊ IRÁ!*)

Dizem que a viagem para dentro de nós mesmos é a jornada mais importante de todas. Muitos de nós seguem um caminho em busca de significado – de algo "maior" – já fazem isso há bastante tempo. Temos as competências, temos o *know-how*, somos mais sábios do que nossa idade deixa transparecer e capazes de perdoar falhas. Participamos de uma legião de treinamentos, *workshops* e retiros. Aprendemos com professores, mestres e gurus. Podemos até ter também nos tornado professores, mestres ou gurus. Com esse nível de dedicação, pensamos que seríamos felizes.

E a maior parte de nós é. Mas há aquela voz irritante que nos mantém desejando o que não temos, desejando que as coisas fossem diferentes, na esperança de um dia chegarmos a algum destino mágico do outro lado do horizonte. Não nos permitimos curtir quem somos ou onde estamos. Em vez disso, continuamos buscando e procurando. E o tempo todo, esperamos.

Houve um tempo em que simplesmente esperávamos o básico. Esperávamos ganhar mais dinheiro, ter menos dívidas, casar (ou se divorciar), ter filhos, se aposentar. Muitos de nós até esperávamos ficar espiritualmente iluminados! Esperávamos que uma nova experiência, um seminário ou um retiro nos desse a resposta. Esperávamos o professor certo nos dizer as palavras certas e que tudo fosse se encaixar. Esperávamos reconhecimento, sermos descobertos, para nos sentirmos seguros, nos aperfeiçoarmos. Esperávamos nos sentir inspirados (um de meus casos favoritos). Esperávamos até que nossos assuntos estivessem em ordem; nossos ovos, em cestas diferentes; nossos patos, em uma fileira. Esperávamos a paz mundial, o próximo presidente ou um carro novo. Alguns de nós esperavam até mesmo morrer.

Vivemos tempos interessantes, e, como o mundo continua mudando, o jogo da espera também se transforma. Nos dias de hoje, estamos mais ocupados do que nunca. Temos mais clareza sobre nosso propósito e sobre por que estamos aqui, mesmo sentindo que muitas vezes algo ainda está errado. Como a Terra parece girar cada vez mais rápido em seu eixo, um desejo emerge do fundo, transformando-se em uma aflição. Olhamos para toda a mudança, a transformação e a revolta que nos rodeiam e, apesar de nos maravilharmos, descobrimos que no fundo o que realmente queremos são algumas garantias à moda antiga. Queremos que este mundo selvagem e maluco faça sentido e até mesmo desacelere por um momento para que possamos recuperar o fôlego. Continuamos à procura daquela pílula mágica – aquela que faria com que tudo ficasse certo.

E, nesse ritmo, poderíamos esperar para sempre, indefinidamente. Essa crise pode ser sutil – nossa espera pode enfraquecer lentamente nossa força vital ou ser grave a ponto de um dia acordarmos e percebermos que é muito tarde. Este é o problema da espera – ela é essencialmente sorrateira. Ela apenas *parece* ser razoável, como a coisa certa ou sensata a fazer, dado nosso estado precário atual, mas logo assume o papel de uma decisão tranquila, muitas vezes inconsciente, que nos aprisiona em suas profundezas escuras.

O resultado de toda essa espera é que perdemos nossa liberdade de simplesmente ser. Quando digo "ser", quero dizer que, lá no fundo, sabemos quem somos e do que somos feitos, refiro-me àquela voz tranquila que nos diz que estamos bem, à facilidade de nos sentirmos em casa em nossa própria pele. Em vez disso, temos falsas imagens de *como* devemos ser, *quem* devemos ser, *o que* deveríamos ser – e, na maioria das vezes, em nossa própria estimativa, não chegamos nem perto dessa idealização.

Chegou a hora de parar de esperar que o mundo faça sentido. Chegou a hora de parar de esperar que a vida desacelere ou que as coisas se resolvam. Chegou a hora de vivermos nossa vida de qualquer maneira – a despeito da espera, da agitação em massa, assim como de todos os obstáculos diários. Se isso é realmente (e pegarei emprestadas as profundas palavras de Mary Oliver[1]) nossa "preciosa vida selvagem", o que estamos fazendo com ela? Será que vamos viver com medo de que algo terrível aconteça, de nosso chão cair ou da casa em chamas? Ou será que, enquanto isso, seguiremos adiante de qualquer maneira, rumo ao desconhecido, abraçando o incerto e divertindo-nos com a selvageria? Isso é o que significa parar de esperar. Significa que vamos adiante de qualquer maneira. Vamos adiante em nossas esperanças e nossos medos. Vivemos esse sonho que guardamos para uma emergência. Damos aquele salto que sempre quisemos dar, mesmo quando não sabemos como ele vai sair. Simplesmente passamos a nos conhecer como pessoas que vão adiante de qualquer maneira, pessoas que se mantêm em movimento, quando tudo o que querem fazer é parar, pessoas que caem de joelhos e se levantam todas as vezes em que isso acontece.

Nós também precisamos saber quando parar é a melhor opção, e aprendemos a ter paciência de um modo como nunca experimentamos antes.

A verdadeira liberdade é isto: estar em paz consigo mesmo, apesar de todos os medos e as esperanças, mesmo no desconhecido, enquanto se combate a inércia.

É hora de acordar – e talvez não seja preciso uma situação de emergência – para nos lembrar disso. Talvez apenas um toque seja o suficiente.

A tragédia da vida não é que ela termina muito cedo, mas que esperamos tanto para começá-la.
(W. M. Lewis)

---

[1] Mary Oliver, poeta norte-americana, ganhadora do National Book Award e do Pulitzer (N. E.).

O livro é sobre o conceito da espera. Trata-se de perceber a inércia e acordar. Se você é um ser humano, provavelmente vai cair no sono de novo; mas você pode acordar um pouco mais rápido a cada vez, pois já sabe como é a sensação da espera.

Você terá a oportunidade de distinguir como, onde, por que e por quem você espera e descobrirá algumas maneiras de seguir adiante novamente. No entanto, não estamos falando de um mergulho em atividades frenéticas em todos os âmbitos de sua vida. É verdade que algumas pessoas gostam de mais movimento e atividade que outras, mas essa ideia sem sentido de "aproveitar tudo o que puder hoje", se levada muito a sério, só causa desgaste. Vamos celebrar aproveitando o dia, apenas curtindo ou talvez assistindo ao pôr do sol, cães ou ao *Netflix*.

Você vai esclarecer o que importa para você. Certamente deixará algumas das esperas que não lhe servem – a espera que fica como obstáculo ao viver – e abraçará mais a espera enquanto paciência, aceitação, permissão, transformação suavemente, com tudo a seu tempo.

No fim, quando se livrar daquilo que é supérfluo, você pode descobrir quem você é, o que realmente quer e quem você quer ser.

Em cada capítulo veremos um tipo diferente de espera. Você distinguirá alguns que você sabe que existem, onde estão se escondendo e onde podem se esconder da próxima vez. Você também receberá algumas sugestões e práticas para lidar com a espera e conhecerá alguns meios de mover-se por ela, dentro ou em torno dela, que tanto sua *alma* quanto você no dia a dia poderão aprender a viver com ela.

Talvez, uma vez que tenhamos claros alguns padrões antigos de espera, sejamos realmente capazes de saudar a vida com um "Viva!", em vez de sentir o medo que tantas vezes nos prende, nos faz tropeçar ou nos impede friamente. Talvez possamos finalmente aceitar que nada é certo, que o ser humano é confuso e que ao longo de tudo isso não precisamos esperar que a vida seja resolvida. Talvez, então, consigamos experimentar a liberdade que temos almejado desde sempre.

Imagine o seguinte:

Você está à beira de um precipício. Você olha para baixo e admira. No passado, você talvez saltasse, mas agora já não se arrisca. No fundo, você sabe quem realmente é e por que está nesse local. Você anseia por liberdade, liberdade de ser e de fazer e de descobrir a si mesmo. Você se sente chamado a fazer diferença no mundo. Sente a força da paz interior. No entanto, você permanece na borda, sem saber como agir.

Agora, pergunte-se: onde é que você perdeu sua liberdade de voar?

1

Esperando por mim

*A idade me deu o que eu estava procurando
a vida inteira: eu mesmo. Concedeu-me
tempo e experiência e fracassos e triunfos
e amigos que me ajudaram a entrar na forma
que havia esperado por mim a minha vida toda.*
(MOLLY IVINS)

Talvez você esteja curioso para saber como se tornar um especialista em espera. Não tenho certeza se nascemos assim ou se nos aperfeiçoamos ou ambos, mas me sinto em uma arena, na qual eu tive um talento excepcional por um longo, longo tempo.

Não me lembro de quando me tornei uma caçadora. Pode ter sido durante o tempo em que fiquei no ventre de minha mãe, procurando uma saída, enquanto esperava impacientemente para nascer. Ou talvez tenha sido enquanto eu pensava estar no lugar errado, que "lá dentro" de volta é melhor do que "aqui fora", no mundo. Desde que me entendo por gente, sinto um desejo de algo mais, acompanhado de uma insatisfação crônica, onde quer que eu esteja. O que começou como uma atitude calma virou uma bola de neve de pleno vício – eu procurava tudo e qualquer coisa que me levasse para longe de mim. Muito mais tarde, depois de anos de recuperação, descobri que meu desejo de buscar era um inteligente disfarce para a insatisfação crônica.

Para ser clara, não há nada de intrinsecamente errado em ser uma caçadora. Uma boa dose de garra é nossa resposta ao chamado de vida que cresce em nossos mais interessantes e expansivos eus. Muitos de nós não estaríamos onde estamos se não tivéssemos feito essa jornada. Além disso, é fato que a maioria das pessoas que são atraídas para o crescimento pessoal é muito mais legal.

O "problema" é nossa ânsia por estar em algum lugar diferente de onde estamos agora ou de ser alguém diferente do que somos hoje. É esse nosso desejo de "chegar" a um destino que de alguma forma mantém nossa felicidade permanentemente à margem. Falando sem rodeios, estamos no fundo do poço, enquanto a vida vai passando.

Em 25 de setembro de 1989, parei de esperar e comecei a alcançar. Após sete longos e brutais anos de luta contra a bulimia, o álcool e a dependência de drogas, pulei para o desconhecido dizendo sim a uma vida de recuperação. Comecei uma minha jornada rumo a mim mesma.

Adoraria dizer que nunca mais precisei esperar, mas, como eu já disse antes, isso não seria verdade. A menininha triste que eu era está lá atrás, bem distante. No entanto, tenho compaixão por ela, ainda hoje, mais de duas décadas depois; lembro-me da escuridão de sua alienação, de sua confusão e de seu desespero. E entendi que uma parte da escuridão permanece – muitas vezes adormecida –, ressurgindo em situações de estresse, pois está à espreita, esperando pacientemente por um momento de vulnerabilidade. Em outros momentos, está simplesmente lá, como um sussurro tentando chamar minha atenção e me levar para fora do percurso. Grande parte do caminho de recuperação tem sido chegar a um acordo com esse fato.

Minha vida hoje não se parece em nada com aquela vida de compromisso, degradação e restrição rígida dos viciados. Mas toda aquela dor ajudou a me tornar quem eu sou. Não transcendi as lutas da condição humana; apenas aprendi que posso andar apesar das lutas, com graça ou rastejando pelo esterco, no fundo das trincheiras, imaginando se um dia sobreviveria a tudo isso.

Nossos desafios podem nos transformar em pessoas mais interessantes e, talvez, mais fortes. No entanto, nesses tempos interessantes, não estamos exatamente comemorando. Em geral não dizemos: "Uau! Minha luta é fabulosa! Vou ter uma nova recaída e talvez seja superlegal". Não, geralmente dizemos: "Ai, eu não quero isso". Ou: "Por que eu?". Ou ainda: "Que problema? Não vejo problema algum!". Estamos presos nos trilhos metafóricos de nossa própria dor e resistência enquanto o trem corre em nossa direção.

Sem minhas lutas, eu não teria a compaixão que tenho hoje. Não teria escolhido a linha de trabalho que escolhi. Não estaria onde estou em meu propósito, minha paixão ou minha perspectiva. Eu fui uma das sortudas – para começar, saí do vício. A verdade é que a maioria não consegue. Alguns morrem. Alguns voltam a mergulhar de cabeça na obsessão ou transferem sua obsessão para substâncias, ideias ou relacionamentos nocivos. Alguns ficam chapinhando na recuperação pelo resto da vida, nunca chegam lá, esperam para sempre. Eu estava na desgraça e, após dois centros de tratamento, fui abençoada com a vontade. Vontade de fazer o que fosse preciso para me recuperar. Vontade de depositar minha confiança naqueles profissionais que estavam cuidando de mim. Vontade de fazer o que era sugerido. E – talvez o mais essencial – vontade de transformar minha vida.

O dom da vontade é um componente essencial para que exploremos a espera. Com a vontade, podemos colocar um pé na frente do outro, mesmo em tempos de grande escuridão. Ao fazê-lo, aprendemos a confiar em nós mesmos. A coisa boa sobre a vontade é que você não precisa esperar até que se sinta pronto para fazer algo. Não é necessária uma grande inspiração. Vontade é simplesmente uma abertura, um acordo com você mesmo de fazer seu melhor, independentemente de seus sentimentos habituais.

Quando penso sobre aqueles dias, algumas memórias vêm à tona. O constrangimento, a desesperança, a mentira, a manipulação, o medo, a aversão, tudo me manteve presa, implorando para eu desistir e me deixar afundar em suas profundezas escuras. Nesses últimos anos, como uma terapeuta que trabalha em centros de tratamento, vi todas as versões de pessoas presas no ciclo do vício, esperando pela recuperação. Eu enxergava a luz piscar nos olhos de um paciente e, às vezes, ela continuava a brilhar. Para outros, era desanimador e maçante, e meu coração se afundava. Eu sabia que a verdadeira recuperação era possível. Mas ainda observava mais e mais pessoas retornando a suas doenças. Reconhecia sua luta e sentia sua dor enquanto tentava chegar a seus corações e alertar de que havia outro caminho.

Ao longo de meus anos de vício, eu tampouco soube que havia "outro caminho". Nos primeiros dias de recuperação, estava apenas arranhando a superfície do processo para entender por que lutava. Somente muito mais tarde compreendi claramente o que levou àquela situação de sensibilidade em primeiro lugar.

A primeira vez em que tive meu mundo abalado foi quando meus pais anunciaram o divórcio, aparentemente do nada. Pensando que eu deveria ser a culpada de alguma maneira, decidi que, a partir de então, eu seria boa, faria tudo certo, seria uma menina perfeita, encontraria um modo de alcançar uma perfeição que protegeria a mim e a minha família de qualquer dor ou caos. No entanto, por alguma razão estranha, não importava o quanto eu tentasse, parecia que eu estragava tudo.

Outro golpe esmagador para minha alma, que já era sensível, foi na terceira série, quando minha classe fez uma atividade de ler em voz alta. Enquanto esperava minha vez de ler (o que sempre parecia chegar muito rápido), meu coração bateu mais rápido. Comecei com entusiasmo, mas vacilei na parte do livro que dizia: "Chicago é conhecida como a Cidade dos Ventos". *O que é esta palavra desconhecida? Como se pronuncia isso?* Afundei. Continuei errando e disse: "Chick-a-go é conhecida...". Antes que eu pudesse terminar a frase, a sala inteira explodiu em gargalhadas. Com o rosto queimando, afundei em minha cadeira, completamente humilhada. Naquele momento, tomei outra decisão séria: não queria nunca mais me sentir daquele jeito! Portanto, nunca mais falei em sala de aula sem *ter certeza* da resposta. Aquele constrangimento foi tão extremo que pelo resto de minha vida escolar permaneci em silêncio, mesmo quando sabia o que dizer. E se eu tivesse certeza, mas estivesse errada, apesar da minha certeza? Essa preocupação sufocante e o comportamento restrito me seguiram mesmo na pós--graduação, onde sempre tirava dez.

Quando eu tinha por volta de 9 anos de idade, era apaixonada por cavalos e fui presenteada com aulas de equitação. Estava tudo indo muito bem até o dia em que percebi que precisava me apresentar na frente de outras pessoas. Certa manhã, fomos para a prática de salto, quando eu soube que pessoas assistiriam. No mesmo instante, me deu um frio na barriga. Enquanto nos dirigíamos ao estábulo, vi o cenário familiar passando pela janela, meu medo me agarrando mais e mais à medida que nos aproximávamos. "Como posso sair dessa?", perguntei silenciosamente. Se minha mãe estivesse dirigindo, eu poderia fingir que estava doente e ela me tiraria daquela situação, mas dessa vez era a mãe de um amigo ao volante. Afundando no banco do carro, negociava em silêncio: "Deve haver algo que eu possa fazer".

Troteávamos nossos cavalos para aquecê-los, e um plano aparentemente brilhante surgiu em minha mente enquanto eu olhava ansiosamente para o chão: eu cairia do cavalo e fingiria ter me machucado.

Uma vez machucada, não poderiam me obrigar a andar. E, mais importante, não seria julgada pelos espectadores. Quando deslizei para fora da sela com o objetivo de chegar ao chão, outro pedaço do futuro entrou em formação. O perigo do escrutínio caiu em minhas graças. Achei! Machucar-me, percebi, não era apenas uma maneira de chamar atenção, mas, sim, de me livrar de coisas que tinha medo de fazer.

O que havia começado inocentemente tornou-se um modo de vida. No ensino médio, para me sentir pertencendo, voltei-me para as drogas e o álcool. No terceiro ano, estava tendo "almoços líquidos" com os meus amigos, consumindo garrafas de vinho barato e correndo de volta para a escola antes de o sinal tocar. Às vezes, eu e meu namorado íamos para o carro dele cheirar cocaína. Em determinado momento durante aquele período, tomei a decisão irracional de fazer uma dieta. Depois de vomitar três dias com a gripe, exausta e desidratada, pisei na balança. "Olha isso! Cinco quilos magicamente desapareceram!", pensei, e mais uma parte de meu futuro tomou forma.

Comecei a vomitar minha comida sempre que me sentia um pouco desconfortável com o que havia ingerido. Eu acreditava que era capaz de lidar com aquilo, mas não demorou muito para eu perceber que a situação havia me dominado. Eu não conseguia parar. Fui ficando cada vez mais frágil e magra, mesmo antes de perceber. Meu namorado, preocupado, me alimentava amorosamente com minhas comidas favoritas para me ajudar a ficar mais forte. Eu me alegrava com a atenção, mas não conseguia parar minha espiral descendente.

Mudei-me para Boulder, no Colorado, para cursar a faculdade. Mesmo com minha forma esquálida e meus estranhos hábitos alimentares, consegui esconder – com sucesso – meu distúrbio alimentar de todos os conhecidos, mas não havia necessidade alguma de esconder o uso de álcool e drogas. Parecia que todos gostavam de se divertir, e havia muitas festas. Depois que os bares locais fechavam, ficávamos acordados por horas, cheirando carreiras de coca, e eu saía de fininho para comer e vomitar. Encontrava uma desculpa para abandonar meus amigos e saía de carro sem rumo, na escuridão, a fim de comer compulsivamente e, em seguida, encontrar um lugar seguro para vomitar.

O vazio que eu sentia era extremo – como um buraco negro que sugava continuamente a vida de dentro de mim. Ainda assim, aos olhos de todos, eu parecia ser uma garota normal da faculdade. Eu constantemente me comparava com os outros e percebia que não era bonita o suficiente, inteligente o suficiente nem popular o suficiente. Meu nariz era muito grande, meus lábios, muito pequenos, minhas pernas, muito curtas...

A lista continuava. Se eu não podia ser tão bonita quanto as outras garotas com quem eu me comparava, poderia ao menos me esforçar para ser mais magra. Já que a faculdade muitas vezes é um terreno fértil para os transtornos alimentares, ser a mais magra era uma batalha difícil. Eu era socialmente desajeitada, me sentia confortável apenas com meus melhores amigos ou quando estava bebendo e usando drogas – o que, durante aquela fase da minha jornada, era algo normal.

Fui capaz de manter meu distúrbio alimentar em segredo por anos, até que, uma tarde, enquanto dirigia de volta pra casa ao sair de um de meus raros santuários – a cama de bronzeamento – fumei um baseado. Quando saí do carro, me senti estranha. Tropeçando ao subir as escadas para o quarto, abri a porta, meus olhos se reviraram para a parte traseira da minha cabeça, e eu desmoronei convulsionando. Observando o que se passava, minha companheira de quarto, alarmada, decidiu pedir ajuda e ligou para meus pais.

Sem a intervenção deles, eu não teria começado minha recuperação tão jovem e não sei onde poderia estar hoje. Sou eternamente grata por sua disposição para lidar com meu comportamento. Eles se informaram, conversaram com especialistas, leram livros, pesquisaram centros de reabilitação e ficaram envolvidos em todo o processo de tratamento. Mesmo estando divorciados na época, deixaram suas diferenças de lado e se uniram no esforço de obter a ajuda de que eu precisava.

No entanto, eu era a única que precisava dizer sim a um novo modo de vida – e parar de esperar. Precisava começar a escolher saúde e felicidade naquele momento. Era hora de parar de esperar para ser perfeita, esperar para ser amável, esperar para ser legal. Dizer sim naquele momento significou realmente começar a crescer.

Pessoas com distúrbios alimentares devem lidar com isso e finalmente fazer as pazes com o fato de a alimentação ser essencial para uma vida saudável. Levou muito tempo para eu me sentir confortável com os alimentos. Depois de depositar minha confiança em meus terapeutas, lentamente aprendi a confiar em mim e, em seguida, a confiar na comida. Comecei a perceber que três refeições por dia não me deixariam "gorda" – o que, por muito tempo, parecia ser meu maior medo. Agora reconheço que se tratava de um medo superficial, que encobria toda a ansiedade que pode envolver o simples fato de sermos humanos.

Uma vida de vício é o máximo em termos de espera e um exemplo dos extremos da condição humana. Viciados muitas vezes passam anos presos ao ciclo do vício, à espera daquele dia em que, de repente, ficará mais fácil parar do que continuar. Esse momento não costuma vir até que a dor seja grande o suficiente; até então, um viciado permanece em um padrão de espera infinita, com a ilusão repetitiva de que algum dia as coisas vão melhorar. Viciados ou não, podemos aprender com esse comportamento. É como olhar para o conceito de espera sob um microscópio. Começamos a ver claramente as armadilhas e as lástimas de uma vida em suspenso.

Como terapeuta, observei pais que tentam chegar a diferentes tipos de acordo com a doença do filho. É de partir o coração assistir à luta de alguém que tem um filho (seja adulto, seja jovem) com um distúrbio alimentar. Muitas vezes, amigos e familiares me perguntam qual é meu conselho para que seu ente querido escolha a recuperação. Infelizmente, não existe uma resposta fácil. Não existem palavras mágicas. Mas isso não significa que não podemos fazer nada.

Finalmente, depois de dois centros de tratamento, estava pronta para recomeçar. Sem o domínio do vício, tinha uma nova linha a partir da qual começar. Não mais apenas sobreviver, aprendi o que era vicejar e, por um tempo, isso foi mais que suficiente. No entanto, com o passar dos anos, vi que algo faltava para mim, assim como nos olhos de meus amigos, meus entes queridos e até mesmo das pessoas que passavam na rua. O que era aquele olhar distante? O que estava faltando para muitos de nós? Parecia que, mesmo com uma vida plena de família, amigos, carreira e de propósito, ainda estávamos morrendo com nossa música dentro de nós. Estávamos esperando por *algo*.

Em 2008, lancei-me ao tema espera com uma vingança. Escrevi o antecessor deste livro e lancei um programa de rádio chamado *O que você está esperando?*, em que tive a sorte de entrevistar muitos especialistas e leigos sobre o que significava esperar, por que continuamos a fazê-lo e como parar. Durante anos, fiquei envolvida nessa empreitada, mas, mesmo com todo o conhecimento adquirido ao longo do caminho, como já havia compartilhado, ainda esperei – e a triste verdade com que me deparei é que esperava assim como todas as outras pessoas. "O que seria necessário para interromper toda essa espera?", continuei a me perguntar.

Enquanto escrevia as páginas deste livro, passei por um processo de luto depois de perder minha casa em um incêndio. Refleti sobre minha própria vida e recordei todos os grandes mestres que havia encontrado. Vi um traço comum: lá no fundo, desejamos a liberdade de ser nós mesmos, de permitir toda nossa humanidade confusa e de aceitar tanto o bom quanto o mau em nós mesmos – e também no mundo lá fora.

Agora que compartilhei um pouco da experiência que molda a bagagem de uma vida em espera, avançaremos para algumas das principais áreas em que esses padrões incapacitantes (também conhecidos como espera) tendem a ficar por perto e causar problemas. Você lerá histórias de sabedoria de amigos, colegas e de pessoas que admiro. Examinaremos os aspectos cotidianos que nos mantêm presos e, ao mesmo tempo, ficaremos de olhos bem abertos com o que sorrateiramente dirige o espetáculo, criando o caos como costuma fazer: nossa demanda generalizada de certeza em um mundo incerto – enquanto esperamos a certeza, a vida passa por nós.

Antes de virar a página, vou lhe sugerir o primeiro quadro de uma série de "Para refletir" que se espalha por todo o livro. Se você é como eu, vai simplesmente virar a página com pressa e perder essas oportunidades. Em vez disso, sugiro que pare por um momento e contemple as perguntas. Tenha um caderno por perto para que, à medida que você lê, possa anotar pensamentos, respostas e reações. Você poderá, ainda, compartilhá-los com um amigo de confiança, um terapeuta ou um instrutor. Você lerá histórias e exemplos das principais áreas da vida em que se costuma esperar e, aplicando-os à própria vida, talvez encontre um pouco da liberdade que procura.

Para refletir

Quais são os acontecimentos de sua infância que ainda leva com você? Qual comportamento antigo ainda fica em seu caminho? Qual é a conexão entre o que aconteceu quando você era mais jovem e os comportamentos que ainda vivencia? O que significa liberdade para você? Onde perdeu a sua? Você acha que seus medos nunca o deixarão completamente? E se eles não o deixarem?

2

Grandes esperanças: aceitando nosso verdadeiro eu

A maturidade é alcançada depois de você ter tentado inúmeros caminhos de fuga apenas para descobrir que as mesmas feridas ainda estão esperando por você.

(GANGAJI)

No capítulo anterior, contei um pouco sobre quem eu sou e como me tornei desse jeito. E, uma vez que fiz disso minha missão para explorar as minúcias do que significa ser alguém que espera na vida, tenho uma ideia de com quem estou falando – você, leitor, meu companheiro de "espera". Em muitos aspectos, é claro, você e eu não somos propriamente iguais. Tivemos várias experiências formativas diferentes.

No entanto, lá no fundo, eu sei quem você é. Você é inteligente, esclarecido e bem-sucedido em muitos aspectos, apesar de profundamente insatisfeito. Você anseia por liberdade, mas nunca se permitiu ser assim. Você escolhe, cutuca e prega a liberdade e, ainda assim, não a tem. Você se pergunta: "Quando atingirei a perfeição?", sabendo, o tempo todo – porque é esperto – que ela não existe. Apesar disso, você tenta alcançá-la. E se perde no processo. Pelo menos foi o que aconteceu comigo. Tentei muitas possibilidades de fuga. Corri na direção de algumas coisas e fugi de outras. Esperava fugir de minha mente, minhas crenças limitantes, minhas angústias, dúvidas e medos. Queria ser consertada! No entanto, quanto mais eu tentava, mais eu corria de mim.

O fogo que destruiu minha casa fez tremer a terra, transformou vidas, foi profundamente devastador; essa experiência me deu mais uma oportunidade para ver em que pontos eu ainda não havia me aceitado como sou.

Por um lado, me permiti chorar e estar onde eu precisava estar, ainda que esperasse que o incidente em si me transformasse. Dadas as metáforas ricas sobre os aspectos transformadores do fogo, fiquei desapontada quando a mesma "eu" ainda estava aqui, dia após dia, muitas vezes sentindo-se perdida, deslocada – ainda implacavelmente a mesma –, sempre à parte de alguma descoberta maravilhosa. Por outro lado, eu mudei. Não devido ao fogo, mas à minha própria vontade de me permitir estar onde eu estava. Ironicamente, eu cresci por não mudar.

Crescer por não mudar? Que diabos isso significa, especialmente para uma especialista na área de autoajuda, uma profissional que ganha a vida auxiliando as pessoas a se transformarem de maneira positiva?

Veja como funciona: muitas vezes esperamos por pessoas, lugares e coisas, mas, ainda mais sorrateiramente, esperamos por maneiras de ser. Por exemplo, esperamos até que "nos sintamos melhores", sejamos mais espirituais, mais transformados, sintamos menos medo, estejamos mais prontos...

Um dia, enquanto eu caminhava pela emissora de televisão local para compartilhar minha história com a população do Colorado, a qual estava lidando com os incêndios florestais, um amigo bem--intencionado ao telefone ofereceu o que ele julgava ser um incentivo: "Você pode compartilhar como está lidando com isso de maneira tão diferente depois de escrever seu livro sobre *não* esperar".

Senti que me armava: Isso *não* é verdade!

"Não!", eu disse a ele. "Não há uma solução rápida para isso. Quero compartilhar como isso é confuso, não linear e imprevisível e que não precisa ser algo diferente do que é, que, ainda assim, há momentos de beleza." Depois, ofereci a ele um pequeno discurso retórico sobre expectativas de como deveríamos ser, o desconforto de nossa cultura com o luto, sobre como celebramos quando um processo de luto parece ter chegado ao fim e sobre como voltamos ao "normal" com relativa rapidez.

Prendemos todos os sentimentos confusos e as reações de tristeza em um cartão de cumprimentos, celebrando o quanto alguém está "bem" depois de uma perda terrível? O que isso significa? Como: "Ela está superbem depois que os filhos morreram naquele acidente horrível...". Que tal admirarmos a confusão emocional, pilhas de roupa suja e montes de ranho?

Queremos as coisas resolvidas, endireitadas, embrulhadas em um lindo pacote – mesmo quando fatos terríveis estão acontecendo ou aconteceram. No entanto, quando nós mesmos não nos sentimos tão brilhantes durante um momento difícil, julgamos nosso processo com uma severidade cruel e opressora. Por que não podemos apenas nos deixar sentir?

Eu disse algo do tipo naquela noite ao vivo? Espero que sim. Falei de coração para o coração daqueles que estavam apenas começando a embarcar na tragédia dos incêndios em nosso estado naquele verão. Agora falo a você, talvez com um pouco mais de lucidez, já que as câmeras não estão rolando e eu posso voltar e editar as palavras.

Minha ambição é fornecer paz de espírito e de coração para aqueles que lidam com a vida. Quero tornar as coisas mais fáceis para aqueles que lutam, mas não para que possam chegar mais rapidamente ao "outro lado" – pelo menos por enquanto, não vamos nos preocupar em chegar ao outro lado. Em vez disso, quero a autoaceitação enquanto você está lidando com sua própria bagunça. Não estou querendo dizer que você precisa ficar na lama para sempre, apenas que, quando estiver lá, deixe-se ficar.

Após o incêndio, assumi o compromisso de *não* saber como seria estar onde eu estava e *não* ir para "o outro lado" tão cedo. Prometi não emergir do casulo antes de estar pronta. A permissão que me dei foi libertadora. E, claro, não estou afirmando que, uma vez que me dei essa permissão, isso ficou muito claro para mim mesma. Não, eu precisava lembrar de me deixar ser. De novo, novamente, sempre.

Essa liberdade – poder ser como eu realmente era, e não como eu deveria ser – era alívio profundo e um nível de aceitação que eu já havia ansiado, mas nunca conhecido de verdade. Se você já se deixou dançar em sua própria escuridão com algum grau de aceitação, você sabe o que quero dizer. Você conhece o paradoxo – se deixar *estar assim*, mas nem sempre *ser assim*. E você sabe, igualmente, que esse estado não é fixo.

Ele muda também com o vento, com a colisão com outro ser humano angustiado ou mesmo em uma situação de má digestão. Se você não conhece essa liberdade, convido-lhe a colocá-la em prática. Comece agora, enquanto as águas estão calmas – ou, ainda mais desafiador, comece agora, se as águas estão agitadas. Você tem a oportunidade de aceitar a si mesmo de maneira que nunca fez. O conceito de uma linha reta na qual você se move por estágios definidos e sai vitorioso é uma bobagem. Faz sentido para você a ideia de criar uma mentalidade poderosa e sempre, sem hesitação, viver a partir dela?

Estou confusa esses dias. Abro meu coração e compartilho minhas trevas, bem como comemoro o novo crescimento de uma árvore que fora queimada ou um gavião voando baixo. Quando beijo a testa do meu cachorro, meu coração se parte com amor.

Quando nos permitimos essa liberdade de ser, podemos encontrar uns aos outros, com olhares familiares e um caloroso abraço. Veremos os destroços e reconheceremos um companheiro de viagem. Não vamos mais apenas pincelar as coisas, vamos saber o que realmente merece nossos esforços e o que não merece.

Alguns podem rotular isso como falta de escolha. Eu digo que tudo é uma escolha – e mostro como o que escolhemos é intensamente pessoal. Escolhi estar aqui. Escolhi surfar pela onda, uma vez que ela me leva a uma praia de areia macia para me banhar ao sol. Ou como ela me joga contra um píer de pedra e estou sem forças. Vou ver aonde esse passeio vai me levar – se eu realmente me soltar, permitir, e não tentar controlar o resultado, onde será que vou acabar? Não é exatamente curiosidade, é mais como uma vontade corriqueira, nada extravagante, apenas querendo ver.

Parte de se dispor a estar no desconhecido é o desafio de relatar isso. E como eu não consigo me desligar agora, então, descrevo a experiência desde a profundeza das trincheiras da dor e do luto, contando sobre o sangue, as tripas, a lama e as balas zunindo, com vislumbres do céu azul. Não estou narrando a batalha que foi travada há vinte anos e a sabedoria que extraí disso, como se estivesse em uma posição superior... Não. Não estou fazendo isso. Deus sabe que já ouvimos o suficiente sobre isso.

Recentemente conheci um homem que compartilhou a dor dele comigo. Um estranho em um balcão, que casualmente mencionou algo sobre a vida ser difícil. Tomei a decisão em uma fração de segundo de fazer a ponte entre uma conversa casual e a conexão com outra alma. Se ele queria ser ouvido, eu estava pronta para ouvir. Ele continuou:

Dois anos atrás me envolvi em um acidente de carro que quase me matou. Passei três meses no hospital entrando e saindo do coma, curando lentamente meu corpo quebrado. Dirigia um negócio de seis dígitos, que, sem mim no comando, rapidamente foi para o brejo. Minha esposa estava perturbada, pois havia desistido de sua carreira para criarmos nossos filhos e era incapaz de ganhar dinheiro suficiente para pagar as contas. Depois que saí do hospital, eu ainda não pude voltar ao trabalho, e nos afundamos mais e mais. O banco tomou minha casa, e, em seguida, oficiais de justiça apareceram e levaram todas as nossas coisas. Voltamos a morar com nossos filhos – algo que eu nunca teria imaginado antes. Trabalho em uma loja de ferragens, onde ganho um terço do que eu costumava ganhar. Tenho saudades da minha vida antes do acidente e, em algumas noites, fico me revirando na cama, incrédulo com o que perdemos, as mudanças que aconteceram e meu medo acerca do nosso futuro.

Ao 60 anos de idade, não tenho certeza se um dia voltarei para o ponto em que estava antes. Alguns dias gostaria de voltar e, em outros, eu simplesmente não quero trabalhar tanto. Morar com nossos filhos nos permite ficar diariamente com os netos, os quais eu quase nunca via. Trabalhando aqui neste balcão, em uma loja pela qual uma vez passei durante meu caminho de volta em minha vida ocupada, tenho a oportunidade de conhecer novas pessoas todos os dias. Quando faço uma pausa para dizer "olá" ou para ajudar alguém a encontrar algo de que precisa, posso ver a dor nos olhos de algumas pessoas e a alegria nos de outras. Algumas param para um bate-papo, e outras correm apressadas. Para mim, tudo abrandou e, às vezes (ele agora estava sussurrando)*, agradeço a Deus pelo acidente e por uma segunda chance na vida.*

Quando ele concluiu o relato, vi um brilho em seus olhos, mesmo quando as lágrimas se formaram. Eu senti como se tivesse visto um sábio – alguém que viveu, aprendeu e cresceu e já havia se perdoado em um nível muito mais profundo do que muitos de nós fazemos. Durante nosso tempo juntos, eu simplesmente o escutei, optando por não lhe contar minhas desgraças recentes. Ele sabia que eu havia entendido, graças à minha disposição para ouvir.

Pensemos, agora, em como esperamos para alcançar a autoaceitação. Pense em como você teria reagido ao ouvir a história desse homem e, em seguida, em como você reagiria caso se tratasse da sua própria história. Meu palpite é que você, leitor esclarecido, não ignoraria esse homem nem daria a ele um *feedback* de "capacitação" vazio. Você não esperaria que ele estivesse em algum lugar diferente de onde está. Você teria paciência com seu processo e reconheceria que, às vezes, as feridas emocionais demoram mais para cicatrizar que as físicas. Talvez você passasse a demonstrar uma compaixão inabalável para com aquelas pessoas que ficam "presas" em situações. Você está disposto a oferecer esse tipo de generosidade a você mesmo?

Costumamos nos apoiar naquelas mesmas ideias de sempre, até que: a) um desafio inesperado nos convida a emergir para uma versão maior, mais ousada de nós mesmos, e exige que tenhamos um novo olhar sobre o que podemos ser; ou b) emergimos sem uma emergência, criando nossa identidade e nossa autoaceitação de novo a cada dia – isso nos transforma em nossa maior prioridade, deixando-nos curiosos sobre quem somos e sobre quem podemos ser, com uma abordagem diferente. Seja como for, temos a oportunidade de refletir e entrar em conexão com nosso eu mais profundo.

Para refletir

Aqui está sua chance de oferecer alguma aceitação a si mesmo.

Como você está julgando a si mesmo?

Será que você julgaria um estranho da maneira que você julga a si mesmo?

Eventos inesperados ou mudanças em sua vida acarretaram algo completamente novo – e até mesmo maravilhoso –, mesmo que as coisas não tenham saído como o planejado?

O homem que conheci na loja naquele dia ainda estava descobrindo sua nova identidade e chegando a um acordo com as exigências de sua nova vida, mas ao mesmo tempo ele parecia ter a paz que muitos de nós almejamos. Ao refletir sobre meu afortunado encontro com aquele senhor incomum, eu pergunto a mim mesma e a você: quanto espaço e incentivo darei ao eu mais rico e mais cru que está surgindo? Com base em que padrões julgarei meu desdobramento e, portanto, meu novo desconhecido eu? Um mês após o incêndio, escrevi o seguinte:

Sendo a caçadora que sou, quero saber quem eu me tornarei. Vejo partes emergentes; algumas pretendo manter e outras, passar ou descartar. A verdade que coexiste é que eu quero a parte mais rica, mais ousada de mim, a qual está reivindicando que seu lugar em minha alma continue existindo. Levarei minhas alegrias, quando essas vierem, mas também sentirei as dores profundas da tristeza. Mas, por favor, posso ter um ano? Posso ter um ano para me desenrolar, para voltar à forma? Posso em um momento ser inspirada ou inspirar e, em seguida, ser uma lunática? A sociedade pode suportar isso? Meus conhecidos podem tolerar isso? Meu círculo íntimo pode realmente lidar com isso? E, o mais importante, me permitirei esse espaço e essa liberdade?

Se esperarmos pela experiência perfeita de autoaceitação, talvez esperemos para sempre. Mas podemos dar passos menores. Alguns dias serão mais fáceis que outros. Alguns dias podem ser cruelmente difíceis. Uma das melhores maneiras de abordar a autoaceitação é honrar aquelas versões desacreditadas ou rejeitadas de nós mesmos, como "a criança que não se sente segura ou não brinca", "o trabalhador que sempre recebe insultos por ser impulsionado ou ocupado" ou até mesmo "a alma sensível que carrega o peso do mundo". Como você já sabe, todos temos alguns desses diferentes aspectos correndo em nossa psique, e eles ficam bem agitados e apavorados quando há uma crise, pois sabem que não vamos ouvi-los nem considerar suas necessidades. Essa é uma maneira de explicar por que nos sentimos tão irritados quando alguém tenta nos apressar para a "capacitação", quando todos os "eus" realmente precisam de algum reconhecimento e alguma garantia de que começarão a ter voz e de que vamos ouvi-la.

Você pode esperar por aquele dia em que você fará tudo de modo perfeito, nada confuso e se sentindo bem – e você pode esperar para sempre. Ou você pode praticar um pouco da autoaceitação de seus desejos, necessidades e sentimentos hoje, não importa quão confusos eles sejam.

3

Esperando até que esteja absolutamente certa

Quanto da vida se perde na espera.
(RALPH WALDO EMERSON)

Pela nossa experiência espiritual, sabemos que não existe certeza. Fixamos ímãs na geladeira e adesivos no carro que nos lembram de abraçar o desconhecido, dar o salto e estar disposto a cair em nossa busca pela grandeza.

No entanto, você se lembra do incidente do "Chick-a-go" e da história com o cavalo? Claro, eu era apenas uma garota. Mas esses dois momentos contêm alguns medos fundamentais, nos quais a certeza seria uma coisa boa de ter: a certeza de que vou agradar os outros quando eu falo e de que não serei condenada ou ridicularizada, a certeza de que não vou cair daquele bicho de mil quilos e ser julgada por isso.

No fundo, crianças ou adultos, o que realmente queremos é certeza. Queremos saber o que vai acontecer a seguir. Queremos saber como a vida vai acabar. Desejamos consistência e rotina. Imploramos o conforto que vem do conhecido. Não há nada de errado com o desejo de segurança e conforto. Na verdade, isso é fundamental para nossa sobrevivência. A sobrevivência de nossa espécie quando vivíamos em cavernas e grandes animais vagavam pela terra dependia de sermos parte de um coletivo. Longe de nossa turma, ficávamos vulneráveis a coisas que tinham dentes maiores, eram mais fortes e queriam nos devorar. Essa necessidade de segurança está entrelaçada em nós. Portanto, resistimos ao que é desconhecido. O desconhecido é assustador. Então, procuramos incessantemente por respostas, pensando que, uma vez que "sabemos", chegamos à verdade, e assim podemos baixar a guarda.

No dia em que meus pais anunciaram o divórcio, eles levaram meu irmão e eu ao escritório do meu pai. As palavras que saíam da boca deles eram difíceis para minha mente de 8 anos de idade compreender. Meu pai disse: "Estou indo para Boston, ainda vamos nos ver, amo muito vocês...". Para mim, parecia o zumbido de um ventilador. "O que está acontecendo?", eu me perguntava. Em um minuto, eu estava brincando feliz no quarto e no minuto seguinte meu pai estava dizendo palavras que destruíam a base do meu mundo em pequenos pedaços, pedaços terrivelmente incertos. Lágrimas ficaram presas na minha garganta enquanto eu as sufocava. Eu queria gritar "não!", mas fiquei em silêncio.

Naquele momento surreal, tudo o que eu pensava que era certo já não era mais. O mundo já não fazia sentido. A família que eu "sabia" que estaria sempre lá já não existia. Parecia que o tapete havia sido arrancado debaixo dos meus pés. Naquele momento, decidi que precisava estar em alerta – muito alerta, de preferência o tempo todo – a fim de me preparar para o próximo desastre.

Não sei quão preocupada eu estava antes daquele dia em saber previamente tudo o que aconteceria, mas depois daquela conversa isso tornou-se uma preocupação central. Desenvolvi a necessidade de saber, de encontrar a verdade, de segurança. Pensava que, se eu soubesse dos problemas dos meus pais, as coisas teriam sido diferentes; eu poderia ter evitado o divórcio. Adquiri a errônea crença de que, se eu pudesse descobrir tudo, tudo ficaria no lugar. Eu pararia de me sentir tão instável e desconfortável, eu pararia de esperar. A vida voltaria ao normal. Eu teria um sentimento de certeza, a paz reinaria em meu mundo. Eu juntaria a minha família novamente e, então, tudo estaria bem.

Pequenas coisas podem nos definir – minúsculos incidentes que não interessam a ninguém, mas avultam em nossas mentes. É comum nos trancarmos neles, os ampliarmos, e eles se tornarem permanentes, formando aqueles em quem nos transformamos. Mesmo que esses eventos tenham ocorrido há muito tempo, temos mensagens, aprendemos lições e tomamos decisões que impactam nossos sentimentos, pensamentos e comportamentos. Quando tomamos essas decisões de formação, nem sempre temos consciência de que estamos alterando o curso de nossa vida.

Aos 8 anos de idade, eu não tinha consciência de todas as decisões que tomei naquele momento formativo, mas agora, olhando para trás, não posso deixar de notar o quão irrevogavelmente elas moldaram minha vida. O que era muito doloroso de sentir escondi dentro de mim. Mais tarde, recorri a drogas, álcool e alimentos para anestesiar minha dor. Busquei relacionamentos para sentir o amor que pensei que estava faltando, amor que era o primeiro a sumir se as coisas ficassem difíceis. Então, depois de entrar em processo de recuperação, ainda à procura de respostas e na esperança de encontrar a verdade, mergulhei no campo da psicologia e do crescimento pessoal.

No entanto, a verdade é um alvo em movimento. No momento em que encontramos o que parece ser a verdade e a identificamos como tal, o que era verdade em um momento pode não ser no próximo. Quando definimos um conceito, também o confinamos, forçando-o a permanecer fixo dentro de nossa descrição. A "verdade", então, torna-se limitada à nossa visão, à nossa opinião e à nossa posição.

Em algum momento de minha jornada de desenvolvimento pessoal, comecei a suspeitar de que o "tapete" metafórico que foi arrancado debaixo de mim, na verdade, não existia. Eu ansiava por contestar essa ideia, resistir a ela ou bloqueá-la. Eu queria aquele tapete! Eu precisava saber que o tapete estava lá. No entanto, quando olhei ao redor e vi a reviravolta no mundo, tanto no passado quanto no presente, o fato de que parecia que não podíamos ter certeza de nada além da gravidade e da morte, como se costuma dizer, me fez perceber que a mudança é tudo em que podemos realmente confiar e que a vida raramente será da maneira que planejamos.

Eu ainda ansiava por certeza, mesmo depois de ter percebido que, para realizar qualquer coisa fora do normal eu tinha de esticar, crescer e assumir alguns riscos. É aí que reside o atrito. O que um caçador faz? Se esperarmos por aquele tapete ilusório, ou até que o ambiente esteja limpo e tudo esteja seguro, vamos ter esperado e deixado passar o momento de agir. E, muitas vezes, se esperarmos para ter certeza, acaba passando muito tempo.

A falsa noção de que havia um tapete em tudo foi simplesmente minha demanda de certeza, e quanto mais exigimos a certeza, mais longe estamos de encontrá-la.

Considere que:

Nada é sólido nem previsível.
Nada se mantém igual.
Nada permanece constante.
Tudo está em fluxo.
Não há garantias.

Há momentos em que é melhor esperarmos até que tenhamos mais informações ou uma perspectiva diferente, ou seja, até que conquistemos mais clareza para determinar com precisão nossa abordagem. Como um piloto que determina as condições momentâneas antes de decolar, também podemos ter tempo para reunir informações e garantir que nosso voo seja seguro e que chegaremos inteiros ao destino. Então, como podemos dizer quando aprender mais e ser mais bem informado é uma coisa boa, uma vez que há algo que nos mantém "congelados"? Ou, dito de forma mais direta, como podemos dizer se estamos sendo pacientes ou se estamos sendo medrosos?

Para pôr o dedo na ferida, diariamente somos confrontados com a necessidade de tomar decisões. Algumas vão alterar o curso de nossa vida, ao passo que outras apenas nos levarão para o próximo instante. Sem o dom da clarividência, é preciso avaliar como algo é ou parece ser em determinado momento e tomar uma decisão. Todos sabemos como é fácil olhar para trás e adivinhar nossa escolha – a partir de qualquer ponto de vista, há sempre um lugar mais alto logo adiante, onde podemos enxergar ainda mais.

E depois, no próximo pico, quando tudo parece diferente mais uma vez, julgamos as decisões tomadas. Talvez visto do espaço tudo isso faça sentido, mas aqui na Terra acabamos questionando.

À medida que continuamos o malabarismo de lidar com a incerteza, tomando decisões e, em seguida, nos adivinhando, continuamos a ser bombardeados com má notícia, algo que parece comum na atualidade. Com tudo isso, o que não é nenhuma novidade, perdemos o compromisso de permanecer no desconhecido e correr riscos. Parte de nossa busca por certeza envolve a questão do "por quê?", como minhas próprias indagações. *Por que coisas ruins acontecem? Por que as pessoas fazem as coisas que fazem? Por que o mundo é do jeito que é?*

Minha amiga psicóloga Sally compartilhou sua história, que traz ecos dos meus próprios pensamentos:

Como terapeuta desde o início dos anos 1980, já vi e ouvi vários tipos de pessoas ao longo dos anos. Muitas vezes, era fácil ver onde estavam presas e ajudá-las a encontrar uma nova "caixa de ferramentas" repleta de técnicas para dar-lhes um sentido à vida. Senti que estava seguindo minha vocação, ajudando as pessoas a acordar e a viver uma vida plena. Muitos de meus clientes fizeram grandes coisas, além de suas mais intensas expectativas. Em minha vida pessoal, eu encontrava equilíbrio na minha paixão por estar ao ar livre e escalar as grandes montanhas de todo o país. Não havia nada como estar lá no cume para colocar tudo o que me afligia – ou, de forma geral, o mundo – em perspectiva. No entanto, um dia depois de uma subida particularmente árdua, cheguei ao fundo do poço.

Em um momento de pura exaustão, vi algo que havia me recusado a ver antes: mesmo depois de anos de formação profissional, de todas as pessoas que ajudei ao longo do caminho, em minha vida atribulada, eu ainda ansiava por algo que não conseguia nomear.

Eu ansiava por uma resposta simples para uma pergunta complicada: por quê? Por que a maioria das pessoas continua a sofrer, por que eu não era profundamente feliz em minha essência, por que havia tanta discórdia no mundo, quando tantos de nós estávamos acordados? Percebi que o que eu queria – na verdade, o que eu exigia – era um sentimento de certeza. E, no mesmo momento, sabia que ele não existia. Esperava por algo que nunca viria e me mantinha presa.

Gostaria de poder dizer que, no momento daquela percepção, minha vida se transformou para sempre. No entanto, isso não é verdade. Resisti à noção de um mundo incerto como resisti à captura da hera venenosa. Percebi que isso não só apareceu em minha vida pessoal, mas que eu também queria dar a meus pacientes algum tipo de certeza.

Lentamente, permitindo-me entender como tudo é incerto, e como a única coisa que posso fazer sobre isso é aceitar, a aceitação se tornou o meu maior presente. Agora ajudo os outros a ter sua própria sensação de liberdade sobre essa verdade subjacente de nossa existência humana. Viver plenamente é, muitas vezes, encarar o desconhecido.

O mais provável é que nunca tenhamos a resposta para "por quê?". E parece que nunca teremos a certeza que tantos de nós buscamos.

Para refletir

O que seria possível se você estivesse disposto a abrir mão do saber?

Se você tem alguma certeza, sobre o que é?

Em que áreas da vida a falta de certeza mais incomoda você?

Quão importante é "estar certo"? As pessoas costumam dizer que é mais importante ser feliz do que ter razão. O que você acha disso?

Quando estamos dispostos a parar de esperar por certezas, nos abrimos para o desconhecido, o que pode ser aterrorizante, mas nos levar a novos lugares, novas pessoas e novas ideias. À medida que aprendemos o desapego, pode haver marcas de garras onde estávamos fincados, mas, por outro lado, podemos encontrar a liberdade. E isso não é um tiro único. A maioria de nós precisa abrir mão da necessidade de saber. Nós desapegamos, mas pegamos de volta. Nós liberamos e, em seguida, seguramos com mais força. Respiramos aliviados e depois apertamos a mandíbula. Lembramos e, logo em seguida, esquecemos.

Essa é a condição humana – lembrar e esquecer e lembrar tudo de novo. Essa é a jornada deste livro. Quando começarmos a gastar mais tempo lembrando e menos tempo esquecendo, talvez, então, tenhamos deixado de lado a necessidade da certeza. Pelo menos um pouco.

Santo desapego

Não fale nada!
(SABEDORIA DAS BAHAMAS)

Se você viajar entre as pequenas ilhas das Bahamas, poderá ouvir um aviso sutil. Essa mensagem cultural subjacente é praticamente o oposto dos desgastados ensinamentos sobre a lei da atração, tão popular na cultura norte-americana. Vindo de quem passa muito tempo no mar agitado ou perto dele, "não fale nada" sugere que não valorizemos o positivo, pois isso só poderia nos trazer azar. Em outras palavras, não conte com os ovos antes de a galinha botá-los. Muitos velejadores mantêm essa crença, pois não querem ser amaldiçoados quando estão longe da costa.

Se eu acredito nisso? Não sei. Mas sei que, quando navegamos em águas desconhecidas, é melhor não sermos muito arrogantes. E é uma coincidência "interessante": exatamente quando declarei "o ano do desapego", minha casa queimou inteira. Acho que não vou tentar a sorte assim novamente. Nunca mais. Indiscutivelmente, um dos maiores apegos que eu tinha era minha amada casa.

Parece que, para aqueles que trilham um caminho espiritual, o desapego é um prêmio a ser conquistado. As perguntas iniciais parecem ser: "Por que alguns 'têm' e outros não?", "É ruim ter e é bom não ter?", "Os que 'têm' precisam cuidar dos que não têm?". Nossos conceitos ocidentais de desapego são influenciados por séculos de ascetismo e negação confortante em nossa própria herança religiosa, que é baseada na premissa de que, quanto mais você experimenta o desconforto (pobreza, fome etc.), melhor você estará na próxima ou mais perto você estará de Deus. O próprio Dalai Lama diz que o apego é a raiz de todo o sofrimento.

Afirmamos que não queremos sofrer e certamente queremos ser pessoas boas e justas; assim, portanto, parece que devemos nos esforçar para conquistar o desapego. Felizmente, depois do extremo privilégio e de tentar o caminho da extrema abnegação, Buda aponta para o meio-termo. Ainda assim, aonde esse contínuo apego nos leva não é uma pergunta fácil de responder – mesmo depois que a maioria dos meus apegos físicos desaparecem.

Depois do incêndio, algumas pessoas bem-intencionadas meditaram em voz alta sobre quão libertador deve ser perder todas as coisas. Agora eu certamente entendo o que queriam dizer. (E, cá entre nós, essa é uma das coisas que você deve evitar dizer a uma vítima de incêndio. Até que estejamos prontos para sentir a "liberdade", é melhor manter essas reflexões em silêncio.)

Eu sempre gostei das minhas coisas. Perdê-las não me fez gostar menos delas. E não posso dizer que me senti mais livre – pelo menos, não imediatamente.

Perder tudo em um incêndio não instala automaticamente uma filosofia de desapego. Não! Isso traz tristeza, dor, perda e confusão. Traz também um extremo cansaço, além da necessidade de lidar com muita papelada. Traz negociações com pessoas distantes, que depreciam seus bens em 75% ou mais. No entanto, também é verdade que, se eu não tivesse sido tão ligada às minhas coisas, minhas roupas, meus bens preciosos e, particularmente, minha casa, eu não teria sofrido tanto.

Metaforicamente, pode ser libertador não ter nada material. Porém, é horrível. É penoso recordar os objetos destruídos. É devastador lidar com a grande perda, e ter de listar todos os bens que você já possuiu para fins de seguro é absolutamente terrível.

Essa experiência é uma morte, um trauma, um imenso choque. Minha memória muscular ainda está intacta, e as sensações criadas em minha amada casa voltam com tudo. Como era sentar na poltrona de leopardo, enrolada em um cobertor, na varanda, enquanto tomava minha primeira xícara de café; descer as escadas segurando no corrimão liso quando eu ia fazer o xixi das quatro da manhã; a textura da minha amada mesa do escritório, na qual eu rabiscava enquanto conversava com clientes; a profunda sensação de relaxamento e de segurança quando me aconchegava na minha cama – todas essas memórias ainda existem em meu corpo. Um dia, algo que eu amava estava lá e, no dia seguinte, tinha ido embora. Nossa mente demora um pouco para entender esses fatos.

Fomos avisados de que iríamos nos lembrar de coisas que haviam caído no esquecimento, e que essas coisas iriam emergir no mais estranho dos momentos. Aparentemente envoltas em nevoeiros eternos, abruptamente iriam se materializar e nos chocar. "Santo desapego" foi uma das melhores respostas que recebi quando disse a alguém que minha casa havia pegado fogo. Santo desapego está certo!

Deixe-me mostrar como a experiência de "não ter as minhas coisas" apareceu no dia a dia. Em essência, era uma sensação prolongada e repetitiva de falta. Naqueles primeiros dias, procurei por algo familiar, apenas para descobrir que *nada* era. Sentia falta das minhas botas de neve, muito necessárias nas tempestades do início de abril, as quais quebraram a seca de março. Eu me perguntava: "Onde está o meu protetor solar, o pequeno coador de café, a colher de medida que tem a quantidade certa de açúcar para meu café? Onde está meu batom favorito, minha escova que não quebra os cabelos, meus elásticos dourados para cabelo? Onde estão meus delicados sacos de roupa para lavar sutiãs, meu par de meias preferido e o outro pé do chinelo?".

Tive a chance de pegar algumas coisas antes de fugir, uma das quais foi um pé do meu chinelo, e por um tempo eu tinha certeza de que havia pego ambos. Após a constatação de que agora eu tinha apenas um, a torrente de mais perguntas inundou meu cérebro: "Onde está o chapéu roxo que meu pai me deu, meu cachecol de lã que eu usava até mesmo no verão? Onde está o edredom roxo em que eu me aconchegava na sala de estar? Onde está o estoque do meu creme favorito, aquele que pararam de fabricar? Onde está a caixa de pedra-sabão que David me deu, a foto do meu amado cão Jaxson? Onde está o liquidificador Blendtec, com o qual eu mantinha meu necessário consumo de vegetais, minha nova proteína em pó verde do Whole Foods, meu pote enorme de manteiga de amêndoas, meu chá de hortelã? Onde estão minhas calças de moletom, minhas botas e meu iPod?".

E não foram só perdas materiais, perdi também a rotina de cuidar de uma casa. Mesmo agora, parece um pesadelo. A liberdade do sofrimento, essa zona de desapego perfeita do Dalai Lama, não era nada do que essa experiência ofereceu no início.

A perda total – que às vezes parecia superficial – me incomodou nos momentos mais estranhos e inapropriados. No corredor de vegetais, durante a primeira ida ao supermercado depois do incêndio, pensei no porta-cotonetes de plástico e perdi o chão – soluçando histericamente, curvando-me até a cintura, incapaz de dar mais um passo. Meu marido, David, correu para acariciar minha cabeça. Melhorei momentaneamente; depois pirei novamente, no corredor seguinte.

Aquele porta-cotonetes nunca havia sido tão especial para mim; sua perda simbolizou muito. Depois de contar essa história para pessoas próximas, minha grande amiga Dusty comprou pra mim um pote cheio de cotonetes. Desde então, o valorizo. Ela disse que vagou pela loja por uma hora tentando pensar no que me dar, o tempo todo carregando esse simples pote. Ela pensou em toalhas, travesseiros, no que ela deveria me trazer... e saiu apenas com o pote de cotonetes. Eu amo meu novo pote de cotonetes. Por muito tempo, não queríamos toalhas, travesseiros nem qualquer coisa maior. Não tínhamos onde colocá-los. A ideia de amontoamento era preocupante. Durante o nosso tempo morando em porões, hotéis e no trailer, nunca tínhamos certeza de qual seria o próximo lugar onde moraríamos, onde iríamos acabar ou se iríamos reconstruir. Não sabíamos de nada. Gostava do pote de cotonetes porque eu sabia que poderia levá-lo comigo. E que poderia sair rápido com ele, se precisasse.

Compartilhei um pouco da minha relação e da minha conexão com as coisas. Agora vou lhe dar a oportunidade de olhar para seus próprios apegos.

Para refletir

Faça um inventário rápido de suas coisas. Quanto você acumula? Quantas coisas novas você adquire a cada ano? Qual é a porcentagem de coisas que você diria não ter olhado ou tocado no último ano? E nos últimos três anos? E nos últimos cinco anos?

Você estoca coisas para uma situação de emergência? Ou estocou projetos que você sabe que nunca alcançará?

Quão apegado você é com suas coisas? Você acha que isso é errado?

Numa manhã, depois do incêndio, lembrei-me de algo entre as minhas coisas que se enquadrava na categoria "inestimável", algo que nunca poderia ser substituído. Quando eu tinha 8 anos, minha amada babá, a sra. Vogler, fez um banco de metal, coberto de veludo acolchoado com uma borla de ouro e um "K", de Kristen, bordado. Carreguei esse banquinho comigo pelas mudanças que fiz por todo o país. Eu ainda o usava regularmente. Era bom para alcançar armários altos ou fazer uma breve pausa no meio de um dia atarefado.

Quando eu me lembrei do banquinho, comecei a chorar muito. Por ser ainda muito cedo, por ter tomado pouco café e por não querer sentir dor, engoli o choro. Insubstituível, uma memória perdida em chamas, o banco da sra. Vogler podia não fazer parte da lista do "inventário" do seguro, mas fazia parte da pequena lista de coisas de que eu realmente sentia falta – tesouros de uma vida.

A liberdade é algo interessante. Todos temos diferentes maneiras de nos sentir livres. Não digo que eu não entendo o impulso de falar poeticamente sobre a liberdade após uma perda, mas, quando você realmente pensa nisso, não parece bobo? Racionalmente, sabemos que não são coisas materiais que nos fazem felizes. Deixamos de lado a noção vigente nos anos 1980 de que "aquele que morre com mais brinquedos ganha".

Se você perguntar a uma mulher sem-teto, cujos bens cabem dentro de um carrinho de compras, se ela é mais livre, que resposta ela daria? E o cara "galinha", que promete a si mesmo que dessa vez terá um relacionamento sério? Ele está livre? Todos aqueles que já experimentaram a iluminação espiritual são livres? O jovem inocente é mais livre? Os idosos enrugados são mais livres?

Algumas pessoas trabalham em empregos que odeiam, nos quais sentem que não têm liberdade, mas se mantêm lá pois sair ou mudar de emprego pode resultar em uma perda mais ameaçadora, a de dinheiro, o que significa menos liberdade ainda. Outras pessoas têm todo o acesso à liberdade, oferecido por circunstâncias abundantes, mas parecem ser as mais presas de todas. E há também as histórias de prisioneiros que transformaram a vida e experimentaram liberdade de espírito atrás das grades.

O que realmente significa a liberdade? Liberdade de ir e vir? Liberdade de ser quem queremos ser? Liberdade de pegar e deixar a qualquer momento? Liberdade para fazer o que quisermos? Liberdade de falar e escrever sem medo de censura ou de algo pior? Liberdade de cometer erros? Liberdade para se casar com a pessoa que amamos? Liberdade para fazer o que queremos com nosso corpo? Liberdade de portar armas ou ter os braços expostos?

E como não ter o banco da sra. Vogler me fez mais livre?

Não estou dizendo que tenho a resposta para isso. Ainda estou explorando a questão. Continuo curiosa quando pego uma onda e quero saber quem me tornarei. Quando caio no surfe e perco a costa de vista, estou mais interessada em respirar do que na transformação que virá. E, quando estou na busca pela onda perfeita, vejo lampejos de quem eu quero ser. Mas isso está lá no horizonte? A liberdade está lá, me esperando chegar? Será que é tão fácil como mudar agora? O luto é um processo. A vida é um processo. Olhando para trás, desde a época do incêndio, vejo os sinais das diferentes fases pelas quais passei. Aqueles primeiros dias são obscuros. Quando a dormência desapareceu e um pouco da tristeza pesada foi embora, momentos de descrença continuaram a surgir. Muitas vezes me perguntei: "O que estamos fazendo de novo? Como chegamos aqui? Onde está minha casa? Por que estou vivendo em um porão?". O desejo de ir para casa, para *aquela* casa, era forte.

À medida que os dias passavam, aprendi a enxergar a liberdade nas pequenas coisas. Em um dia claro e nítido, sob o sol escaldante do Colorado, nos reunimos com uma especialista florestal para determinar o destino das árvores chamuscadas naquela terra estéril. Olhando para cima, esperávamos salvá-las, mas elas estavam, infelizmente, na lista das "que caíram". Fizemos uma pausa. "O que é isso?", perguntamos em voz alta. "Isso é o que pensamos que é?" Era. Lá no alto, quase impossível de ver, uma pequena "mancha" verde de agulhas de pinheiro. Aquilo era uma ilusão de ótica ou um pequeno sinal de esperança? Uma vez que nós duas vimos e, em seguida, o homem que iria derrubar o resto também viu, acreditamos que era verdade. Era um novo crescimento. Alguns pedaços de verde no meio de um mar de preto e cinza. Essas duas árvores eram as nossas favoritas, depois do velho pinheiro que se elevava sobre o nosso terraço e fazia a sombra tão necessária em nossa área, que era muito virada para o sul. Sombra é uma mercadoria em falta no nosso território, e durante os dias quentes de verão do Colorado seria intolerável viver lá sem ela.

Será que essas duas árvores cresceram de novo? Não sabemos. Oficialmente, receberam uma suspensão de execução.

O homem jovem e bonito que estava lá para derrubar nossas árvores sabia o que estava fazendo. Ele tinha 15 anos quando a família perdeu sua casa em um incêndio florestal. Primeiro, ele e o irmão ajudaram os pais a cortar as próprias árvores amadas. Depois de provar sua habilidade, os vizinhos aproveitaram e ele foi contratado para cortar as árvores durante seu processo de recuperação. Mais tarde, numa idade em que a maioria dos jovens ainda não tem certeza sobre o que fazer da vida, ele foi claro. Começaria um negócio de preservação e manutenção de florestas, especializado em ajudar os outros após o horror de um incêndio florestal. Nosso centro de recursos locais o indicou para todos, e ele ofereceu seus serviços com um bom desconto. Aos 27 anos, ele era mais sábio do que a idade deixava transparecer. Ele me seguiu pacientemente enquanto eu ficava cada vez mais disposta a deixar árvores irem embora. Examinávamos as árvores, e ele me explicou: "Nós as chamamos de 'fabricantes de viúva' após um incêndio. A árvore ainda está de pé, mas seu interior está estruturalmente comprometido, por causa da queimadura. Você nunca sabe quando alguma vai cair, pode ser enquanto você dorme ou enquanto inocentemente passa por ela. Não é raro ouvir sobre pessoas que são feridas ou mortas dessa maneira". Com essa informação preocupante, sabíamos que tínhamos de dizer adeus às árvores.

Fiquei aliviada ao colocar a saúde da floresta nas mãos daquele jovem, pois, além de entender o que estávamos passando, uma vez que havia perdido a própria casa, ele era perito no assunto.

Quando terminou de me contar sua história, perguntei-lhe qual foi a maior lição de vida que ele recebeu depois do incêndio.

A resposta: "São apenas coisas".

Uma boa metáfora para toda a vida. *São apenas coisas*. Às vezes vou interagir com elas dessa forma; outras vezes, não. E vou tentar fazer o impossível, como pastorear um bando de gatos.

Para refletir

Como seus apegos o mantêm preso (e esperando)?

Você está de luto por certas coisas que perdeu ou que foram tiradas de você, ou até mesmo aquelas das quais você já se desfez?

O que o desapego significa para você?

Uma coisa é certa: o fogo fez com que eu passasse a compreender – intensa e misteriosamente – minha relação com os bens materiais. Agora vejo objetos que poderiam ser meus com uma percepção e um respeito totalmente novos. Será que vou querer sempre mais do que cabe no porta-malas do carro, com os meus dois cães grandes e o meu gato? Por um tempo, a resposta foi um sonoro "não!". E, mesmo agora, estabelecidos em nossa nova casa com coisas novas, eu olho em volta e me pergunto: "De onde essas coisas vêm? De quem são? De quem é a casa em que estou? Vou perder tudo isso de novo?".

Talvez a liberdade de fato esteja nos momentos em que refletimos, ou paramos, ou respiramos profundamente. Não é uma chegada a um destino. Se estamos lutando por liberdade ou pelo direito de ser livres, poderia haver um momento definido no qual nos realizamos; porém, cabe a cada indivíduo a decisão de exercer essa liberdade. Podemos ser presenteados com ela e não a utilizar. Podemos nascer em liberdade e não a experimentar. Pergunte a qualquer adolescente se ele se sente livre, e muito provavelmente a resposta será um grunhido "não!". Adolescentes sentem como confrontamento o fato de viverem sob o teto de seus pais. Alguns sábios zombarão e dirão: "Eles nem sequer imaginam o que significa a falta de liberdade". Mas será que nós adultos sabemos? Talvez nenhum de nós saiba. A liberdade é o acesso aos direitos, mas é frequentemente experimentada na falta desses direitos – e nasce uma nova paixão pela liberdade.

Para refletir

Para você, onde é possível encontrar a liberdade? Onde você a adquire e quais sinais recentes o têm encorajado a reconsiderá-la? A liberdade é um momento fugaz ou algo constante? É um suspiro profundo? É o brilho do sol sobre as ondas em Bornéu ou o brilho de humor perverso no olho do seu amigo? É o direito de votar, de aprender, de se expressar, de se casar, de seguir adiante?

Pelo menos não preciso me preocupar com quem irá separar todas as minhas coisas quando eu morrer. Terei coisas de novo, mas não tantas. Não vai ser tanto trabalho dar um jeito em revistas antigas, álbuns de recortes ou lembranças. Todos já se foram. Estou livre dessa preocupação. Mas, com certeza, muitas outras preocupações foram criadas. Isso significa que não sou livre? Alguém está lendo minhas palavras em algum lugar, balançando a cabeça, pensando: "Ela não entendeu. Ela não entende?". Talvez. Será que ele ou ela é mais livre do que eu? Eu não sei.

Se eu pudesse voltar no tempo, eu *pegaria* mais coisas. Não pegaria tudo, mas haveria certas coisas, como as fotos do nosso amado cachorro Jaxson quando filhote, minhas botas de neve, a coleção de moedas do David – e, é claro, o banco feito pela sra. Vogler.

Lembranças e recordações nos conectam com tempos significativos. Elas nos trazem de volta e nos lembram de quem nós fomos e, em muitas ocasiões, o quão longe chegamos. Eu ainda tinha uma seleção de cartas de amor de relacionamentos importantes antes de conhecer David. Isso não enciumava meu marido, e eu tenho certeza de que ele tinha algumas lembranças assim. Claro, eu mantinha a coleção

O que você está esperando? 53

manuscrita de poemas de David – incluindo o primeiro que ele me escreveu, uma semana depois que nos conhecermos. Felizmente, alguns deles são digitais, mas não muitos. Ah, todas as coisas que seguramos, agarramos, julgamos necessárias... Pensava que essas lembranças fossem vitais. Elas me fundamentaram em um passado, demonstraram que eu era amada, mostraram um reflexo de mim aos olhos dos outros ao longo dos anos. O que elas provam? Na verdade, nada. Quem sou eu sem elas? Tudo o que eu era, e muito mais.

Se minha nova casa estivesse pegando fogo, definitivamente haveria algumas coisas que eu gostaria de levar comigo. Mas eu ficaria bem se não conseguisse. Naturalmente, não estou sugerindo que você incendeie sua casa para curar seu apego às coisas materiais. Eu não recomendaria isso! Mas quantas coisas favoritas imprescindíveis realmente ter? Se não é uma coisa favorita, por que precisamos mantê-la? E não é que eu não ame mais as minhas coisas. Eu amo. Ainda quero algumas. A diferença é que agora eu sei, por experiência própria, que quase tudo é substituível. Vidas não são.

Para refletir

Falando em incêndios... Se sua casa estivesse queimando e você tivesse 30 minutos para sair, o que você levaria? O que você deixaria? Faça uma lista. Olhe novamente para essa lista. Com o que você pode viver sem? O que realmente importa para você, e por quê?

Para a maioria dos seres humanos, coisas materiais (ou a falta delas) representam uma parte significativa de nossa identidade, nossas ideias sobre quem somos e nossas expressões do que é mais importante para nós. Como as coisas materiais da sua vida ajudam a formá-lo, defini-lo e expressá-lo? Como ou quem você seria se esses bens fossem alterados ou removidos de alguma maneira?

A verdade é que, mesmo que eu não tivesse o que mais importa para mim – meus cachorros e David –, no final das contas, algum dia, em um futuro distante, eu ficaria bem. Digo isso agora, mas eu realmente acredito nisso? Não sei, não estou pedindo por essa lição! No entanto, aqui reside a profundidade do espírito humano: somos criaturas resilientes. Nossa mente nos dirá o contrário, mas no mais íntimo de nós temos consciência de nosso poder. Precisamos cultivar essa parte de nós mesmos.

Essa é a verdadeira liberdade – a liberdade de estar em casa com nós mesmos e em nós mesmos. Não é fácil. Não há "cinco etapas básicas" para a liberdade. Mas, à medida que caminhamos pela vida – e contanto que não desistamos –, ficamos mais fortes.

Como se viu, o verão passado foi repleto de oportunidades para que eu analisasse minha relação com o que sinto ser o mais importante. Além do repentino incêndio da minha casa, também tive a chance de dizer adeus e desapegar de outra propriedade. Esta, no entanto, optamos por vender. Meus pais compraram o local juntos, em 1971, e o plano era mantê-lo *para sempre*. Já que para sempre não existe, e prioridades de vida mudam, minha família decidiu vendê-la. Ouvimos dizer que o desapego é uma escolha. Bem, sim, é. Provavelmente, uma escolha constante. Mas devo dizer que essa ideia de desapego ainda parecia muito rígida, forte, desprovida de sentimento. Quando compartilhei com uma amiga querida minha resistência em vender essa casa, ela me disse uma palavra – "fluidez" –, e algo se tranquilizou dentro de mim. Fluidez é algo com que posso envolver minha mente. Desapego definitivamente não me inspira. Estava tentando fazer com que funcionasse, pensei que "precisava fazer funcionar", mas parei com isso. Fluidez, por outro lado, fala à minha alma. É claro que há sobreposição e conexão. Fluidez significa movimento, facilidade e dança calma sobre a água. Significa que posso deixar de lado a crença de que eu preciso ser enraizada, presa e plantada em algum lugar. Significa que nenhuma decisão está errada, simplesmente posso fluir de uma para a outra. Significa marés lavando, banhando e deixando tudo limpo. Significa algo diferente a cada momento – isso aprendi observando as ondas quebrando na praia. Nenhum padrão é o mesmo, nenhuma onda é idêntica, e nenhum raio de luz solar na água pode ser reproduzido.

Isso me faz suspirar profundamente. Fluidez, posso trabalhar com isso.

Em tempos de angústia, poderíamos nos perguntar: o que a fluidez permite? Deixo a questão percorrer meu cérebro cansado. Permito que ela acalme minhas imperfeições. Sinto a sua verdade. Fluidez iria inspirar, expandir e brilhar. Fluidez permitiria os altos e os baixos da vida. Fluidez nos proporcionaria liberdade para estar onde estamos.

Com fluidez, eu poderia deixar as coisas irem embora de uma forma que eu nunca havia feito antes. Nossa casa do Colorado foi tirada de nós. A outra casa, escolhemos deixar. São experiências muito diferentes.

No caso da casa da família, andei de quarto em quarto para dizer o meu adeus. Escolhi varrê-la pela última vez, mesmo sabendo que as faxineiras viriam mais tarde. Fiz isso para honrar a casa e dar boas-vindas ao novo proprietário. Fiz isso para deixar o passado, como se tivesse sido uma tarefa atribuída a mim, a qual desprezei por tanto tempo.

Depois de varrer todo o lugar, fui de quarto em quarto, passando a mão pelas paredes, agradecendo à casa por ter nos tratado com tanto carinho, relembrando momentos lá vividos. Cada vez que uma lágrima escorria, acontecia algo que fazia cessar. Abrindo o armário uma última vez, encontrei uma pilha de toalhas que eu queria embalar. Xingando David momentaneamente por colocar as toalhas longe da área de serviços, apreciei a distração da minha dor. Outra coisa me chamou a atenção: um pássaro preso estava batendo freneticamente contra uma janela, tentando sair. Com uma toalha esquecida, fui capaz de pegar o pássaro delicadamente, encontrando seu olhar assustado, e o liberar lá fora.

Escrevi isto enquanto passava por aqueles cômodos e espaços, enquanto dizia adeus à casa da minha família:

A última manhã: está ficando claro lá fora, a luz refletindo do lado do sarrafo desta linda casa. Sério, acho que o meu coração vai explodir. A dor esfaqueia meu peito e minha garganta, e eu me pergunto se consigo aguentar. Droga. Sou alguém que me apego a casas, isso é claro. Lares permanecem onde pessoas não conseguem permanecer. E, sim, eu sei que tenho as melhores pessoas na minha vida. Não é que eu não saiba disso. Estou apenas lutando com a ilusão da certeza. A ilusão de que algo que se sente e parece sólido realmente é. Isso pode durar para sempre, onde pessoas não vão, não irão ou não conseguem ir. Este lugar simplesmente me segura agora. Nada muda, não tem clima.

Pareço com alguém que aprendeu a lição do desapego? Eu também acho que não... Mas estou enfrentando isso, enquanto conscientemente digo adeus a este lugar amado. Nunca tive a chance de dizer adeus à outra casa. Tudo isso vem às vésperas das novidades. É um sonho, um lugar artístico onde, na minha mente, já coloquei muitos dos meus preciosos itens nas prateleiras. Bem, agora, ainda quero muito ficar neste quarto, nesta casa que eu conheço tão bem e amo tanto. Quero viver nesta pequena cidade onde todos se conhecem e tenho uma história que é mais velha do que eu. Meus bisavós estão enterrados no cemitério daqui. Meus avós estão ao lado deles.

Eu me pergunto, conforme o céu muda de tom e passa a aquecer a grama: "Estamos cometendo um grande erro?". O gato de um vizinho anda pelo gramado e retorna vitorioso carregando um rato. Aguardarei os embaladores, os quais espero que sejam altamente qualificados em lidar com pessoas como eu, cujo coração sofre com o som da fita adesiva.

"Sou uma menina engraçada", digo. Grito para Deus e não recebo resposta, mas os sinais me cercam. Enquanto escrevo minhas palavras e compartilho minha dor, sinto uma leveza que não existia antes. Minha tristeza está aqui, mas não ameaça me engolir. Estou olhando para o céu colorido lá fora, apreciando sua beleza e sabendo que posso levá-la comigo. É hora de mais um adeus, mas não vou criar cicatrizes. Pelo contrário, vou fechar a porta e sentir o peso das mãos dos meus ancestrais em minha mente. E, em vez de fechar, a porta se abre para o próximo, o que virá, e o que será.

Para refletir

O conceito de fluidez significa algo para você? O quê? O que ele pode proporcionar?

Você não pode ter tudo, pois onde você colocaria?
(STEVEN WRIGHT, COMEDIANTE)

Poucos meses depois do incêndio, enquanto ainda estávamos morando em um trailer, percebi que aquele momento da minha vida era precioso. Era sujo, cru, coberto de cinzas, tremendamente desafiador – e também era válido. Sabia que em um ano moraríamos em uma casa, e a vida seria diferente. Nós já não precisaríamos mais pedir licença para passar um pelo outro. Teríamos uma pia maior do que uma caixa de sapatos. Tomaríamos banho em pé, em vez de termos de derramar água sobre a cabeça, sentados. E também teríamos uma máquina de lavar, e não precisaríamos fazer o teste do cheiro e pensar: "Posso usar essa roupa mais um dia?".

Agora a vida já não parece a mesma. Ela tem elementos semelhantes, mas o básico mudou. O tempo que passamos em porões, hotéis e no trailer foi de apreensão, espera e expansão. Deu-me uma perspectiva sobre a minha vida e a vida em geral. Consolidou algumas coisas em que eu acreditava e me fez questionar outras. Percebi, em um nível profundo, que poderíamos esperar para sempre até que tivéssemos a coisa "certa" e, em seguida, ainda sentiríamos o vazio. O que, afinal, preenche esse sofrimento? Há algum problema em querer coisas? Podemos nos permitir ter coisas e, ao mesmo tempo, um compromisso de desapego? Eu não vou acabar com as coisas. Gosto das minhas coisas novas. Sinto falta das minhas coisas antigas. Quero novidades. E quero me conectar, em um nível mais profundo, com quem realmente sou, com quem realmente somos.

Nós somos parte de algo maior. Não estamos sozinhos. Temos nossas conexões sociais. E criamos outras ao longo da vida. Entendemos uns aos outros, enquanto caminhamos por esse incêndio chamado vida, com altos e baixos. Tropeçamos e caímos. Em seguida, olhamos para cima por um instante e talvez tenhamos um vislumbre de verde em uma árvore que uma vez foi grande; sabemos, assim, que um dia pode ser novamente.

5

À espera do amor

*Depois de um tempo, você aprende
a sutil diferença entre
dar a mão e acorrentar uma alma.*
(VERONICA A. SHOFFSTALL, *DEPOIS DE UM TEMPO* [*AFTER A WHILE*])

Eu amo meu marido. Ele se levanta antes de amanhecer, faz café e escreve num blog – e essas não são as únicas razões para amá-lo. Eu o amo porque ele é um homem muito bom. Ele é alguém com quem tenho orgulho de viver. Além da disputa ocasional (sobre a qual você lerá logo adiante), nós realmente não brigamos tanto após o incêndio e, acreditem, a energia frenética e ansiosa daquele tempo mostrou-se um terreno muito fértil para brigas. Por algum milagre, nos unimos e estamos andando juntos, combatendo as dificuldades.

Eu encaro seus olhos cansados e vejo os meus. Leio suas palavras atenciosas e permito que elas mexam comigo. Vejo-o chorar quando pensa em como tive sorte de sair viva e na tragédia da perda de nossos vizinhos. Quando estou cansada demais para pensar e o mundo parece muito, muito escuro, ele acaricia a minha cabeça. Nós rimos das piadas um do outro, não importa quão ruins elas sejam. E experimentamos a pura alegria quando vemos as palhaçadas dos nossos cães – prova definitiva de que existe bondade na vida.

Temos mais espaço um para o outro do que de costume. No curso normal dos acontecimentos, nos damos bem, mas muitas vezes temos pequenas brigas que soam assim: "Você pisou no meu pé!", "Não, você pisou no meu!", "Bem, você fez isso primeiro...". Talvez você tenha sua própria versão do argumento ridículo do "Ele disse, Ela disse...", mas, curiosamente, desde o incêndio, essas situações têm sido ausentes do nosso repertório.

O estresse pode separar as pessoas – e, claro, ele também pode as unir mais profundamente. Quando um casal está no altar e diz "na riqueza e na pobreza, até que a morte nos separe", quantos não imaginam como essa promessa será posta à prova quando a vida seguir um caminho imprevisível?

David e eu temos passado por tantas "coisas" em nossos anos juntos – mudanças pelo país, gravidez perdida, morte de amigos próximos, mudanças de carreira, altos e baixos da recuperação de viciados, problemas de saúde graves, auditores de impostos... e agora, incêndio. Houve alguns momentos em que nos perguntamos se conseguiríamos ficar juntos, quando tudo parecia cair aos pedaços.

Não usamos palavras tradicionais quando preparamos nossos votos, mas, infelizmente, os papéis escritos à mão queimaram com nosso álbum de casamento; portanto, não posso dizer exatamente o que estava escrito neles – só que o sentimento permaneceu o mesmo.

Naquele momento tão importante, quando os casais declaram um compromisso, as estatísticas de divórcio provam que muitas pessoas realmente não querem dizer "não importa o que aconteça". Nós "nos enganamos", como Lon e Sandy Golnick costumam dizer em *workshops* sobre relacionamentos. Dizemos que ficaremos, que estamos comprometidos, mas o que realmente queremos dizer é: "Bem, eu ficarei, pelo menos até que você faça algo que eu realmente não possa tolerar..." – que pode ser qualquer coisa, desde o uso de sapatos enlameados pela casa até a infidelidade frequente.

Todos os casais passam por altos e baixos no relacionamento, e, em tempos difíceis, tornou-se evidente que David e eu realmente quisemos dizer o que dissemos quando escolhemos um ao outro. Talvez ainda mais importante: continuamos a nos escolher, não importa em qual circunstância. Sabemos também quando nos render e gritar por ajuda. (David e eu frequentemente pedimos apoio, como *coaching* de relacionamento com Lon e Sandy.) Aprendemos a estar verdadeiramente juntos em nossa relação. Tivemos todo o apoio necessário ao longo do caminho, o que nos fortaleceu para empreender essa louca e confusa viagem juntos.

Mas não foi sempre assim.

Até eu entrar em tratamento, estava convencida de que não havia amor suficiente para continuar e encontrava "provas" disso em todos os lugares. Não importava quantos homens eu tivesse namorado, não importava quantas cartas de amor eu recebesse, eu não conseguia obter amor suficiente ou o tipo certo de amor para me fazer sentir completa. Quando era adolescente, colei o poema "Depois de um tempo", de Veronica A. Shoffstall, na parede do meu quarto. Lia repetidas vezes o verso que sugere delicadamente "Plante seu próprio jardim e decore sua alma, em vez de esperar que alguém lhe traga flores". Gostaria de ser independente! Não entregaria meu coração com facilidade! Não esperaria por um homem! Mas esperar foi o que fiz. Mergulhei na fantasia de querer alguém para me completar. Esperei meu príncipe encantado, o único que me levaria em um cavalo branco, tiraria os meus pés do chão, me proporcionaria a uma vida bela, cheia de amor, colorida, e me salvaria de mim mesma.

Além de procurar pela coisa errada, eu procurava nos lugares errados. Pensava que, se eu dormisse com um homem, ele iria se apaixonar por mim. Às vezes, essas atitudes até levavam a um relacionamento, porém, eles faziam com que eu me sentisse vazia e envergonhada.

No outro extremo, namorei muitos homens ciumentos. "Se o meu namorado não precisasse de tanta segurança", pensava, "a relação poderia funcionar". Secretamente, sentia o ciúme válido para mim. Ele me mostrava que eu era importante e amada, digna de ciúme. Embora eu reclamasse do ciúme e da carência, o tempo todo eu escondia que sentia o mesmo.

Se houvesse qualquer sinal de que a relação estava terminando, eu saía. Sabia o que era me sentir abandonada. Cumpri a promessa que havia feito na infância quando meu pai nos deixou: nunca seria deixada novamente. No entanto, eu me perguntava por que a maioria dos meus relacionamentos não davam certo.

Dizemos que queremos amor, mas em vez de cultivá-lo internamente, esperamos que o príncipe (ou a princesa) encantado(a) chegue e faça isso por nós. Achamos que isso marca o fim do vazio. Nunca mais vamos nos sentir sozinhos. E esperamos que a pessoa seja perfeita e supra todas as nossas necessidades. Fingimos não fazer isso, mas no fundo fazemos. E muito.

Joanna, mãe deslumbrante de três filhos, compartilha sua história:

Depois de anos de namoro, conheci meu marido, James. Ele era meu par perfeito: ambicioso, responsável e queria uma família. Casamo-nos rapidamente. Com três filhos, um novo negócio e uma mudança para o outro lado do país, começamos a ter dificuldades. Um dia, encontrei um namorado dos tempos do colégio. Recém-divorciado, ele estava mais bonito do que nunca. Sempre terminávamos e voltávamos quando éramos mais novos, e eu sempre senti que ele era o "homem da minha vida". No entanto, nunca estávamos no mesmo lugar tempo suficiente para realmente ter um relacionamento, e isso tornou-se algo que pairava lá no fundo da minha mente, e, de vez em quando, eu fantasiava sobre ele. O que começou como um encontro para um café "inocente" transformou-se em um caso que quase acabou com o meu casamento. No fim, contei ao meu marido, sem saber se eu iria ficar ou não, e após algumas semanas horríveis de briga, fomos à terapia. Não estou dizendo que foi fácil, mas percebi que minha família era mais importante para mim que a tentativa de começar uma "vida nova" com meu amor da adolescência. Meu marido relutou bastante em me perdoar e as coisas foram duras por um tempo. Então, conseguimos superar – e nos mudamos para a cidade dos nossos sonhos, nas montanhas.

Agora, oito anos depois, temos tudo. Nosso negócio está prosperando, nossos filhos são incríveis, construímos a casa dos nossos sonhos – e eu olho em volta e me sinto insatisfeita novamente. Às vezes, meu marido adentra algum lugar obscuro de nosso passado e traz à tona os sentimentos de quando foi traído. Nessas horas, tenho vontade de fugir. Agora, nosso negócio está prestes a ser comprado por outra empresa, o que definirá nossa condição financeira para o resto da vida. Meu marido está completamente estressado, e eu me sinto negligenciada. Estou com raiva e me pergunto se ele algum dia será capaz de me dar o que eu desejo emocionalmente. Ele vive me cobrindo de presentes caros, mas não é isso o que eu desejo. Não me interpretem mal, eu adoro o que ele me dá, mas eu espero uma conexão emocional mais profunda. Depois de uma briga horrível, em que falamos até sobre divórcio, fiquei chocada com uma nova descoberta! Percebi que ninguém poderia satisfazer essa minha necessidade profunda – o meu primeiro marido não poderia, nem o meu segundo, tampouco meu amor da adolescência. A única pessoa que poderia fazer isso por mim era eu mesma. Estava esperando que James me "completasse" e fiquei furiosa com ele por não ter sido capaz. Decidi começar a terapia para lidar com minha relação comigo mesma. Ainda há coisas que eu quero que sejam diferentes em nosso casamento – e percebi que, até que eu encontre paz comigo mesma, nunca serei feliz. Agora, quando sinto aqueles velhos sentimentos superficiais de insatisfação, lembro-me da terapia.

Após iniciar minha recuperação, finalmente aprendi a cultivar uma relação comigo mesma e me tornei responsável pela minha própria felicidade. Aprendi a procurar o que eu queria em um homem em vez de tentar descobrir se ele gostava de mim. Hoje, já tendo aprendido essa lição, nunca mais precisarei vivenciá-la, mas para a maioria de nós a sabedoria não necessariamente interrompe padrões antigos e velhos hábitos de uma vez por todas. Agora sei que David não é responsável pela minha felicidade, ainda que às vezes eu queira que ele seja. Agora percebo o que é amor e o que não é, ainda que às vezes eu esqueça. Agora sei que sou completa, em um relacionamento ou fora dele, mas às vezes ainda me derreto com o estilo de *Jerry McGuire*, em que Tom Cruise declara a Renée Zellweger: "Você me completa".

Conheci meu marido um ano antes de começarmos a namorar. Avistei-o do outro lado da sala. Inexplicavelmente, me vi querendo estar perto dele. Claro, ele era lindo, mas era mais do que isso. Eu já havia visto (e namorado) muitos homens atraentes. Então, o que havia nele? Era uma sensação de paz, de calma. Era algo que eu não consigo descrever. "Preciso conhecer esse homem", pensei. Ao longo do ano seguinte, nos esbarramos várias vezes, e um dia ele pediu meu número de telefone. Eu não tive medo nem dúvida. Eu só sabia que ele iria ligar. Em nosso segundo encontro, ele me entregou um poema:

> *Eu vi um anjo hoje.*
> *Eu sei porque ela deixou um fio de ouro no meu carro.*
> *Eu o vi cair quando ela saiu,*
> *Como se propositadamente houvesse colocado-o ali.*
> *Assim, eu não esqueceria que ela tinha vindo.*
> *Ou talvez eu não acharia que era um sonho.*
> *Mas não há nenhum sonho comparado a isso.*
> *Para mim, ela desembarcou,*
> *Eu sei que vi os deuses sorrirem.*

Encontramo-nos como almas gêmeas. Escolhemos um ao outro. Levamos tempo para criar e projetar nosso relacionamento, para entender e alinhar nossos sonhos e nossos objetivos. Desenvolvemos uma amizade profunda. Compartilhamos um caminho espiritual e uma vida de sobriedade.

David pode não "me completar", mas ficamos lado a lado nessa nova fase da vida. Não temos ideia alguma do que o futuro reserva, e às vezes me sinto incapaz de imaginar o que está por vir. No entanto, sabemos que seremos mais fortes como indivíduos e mais fortes em nosso amor. Celebramos um ao outro, lemos os pensamentos um do outro, confortamos a dor um do outro, seguramos a mão um do outro e caímos no sono lado a lado. Estamos alinhados em tantas coisas, sendo a mais importante delas a disposição de fazer que os acontecimentos da vida nos tornem pessoas melhores. A tragédia deve nos acordar e nos lembrar de que devemos ser melhores para viver o que realmente importa. David e eu prometemos permitir que essa tragédia nos lembre quão preciosa é a vida e quão rápido ela pode mudar.

Já discutimos a obsessão humana por garantias – e talvez não haja âmbito em que almejamos tão desesperadamente a certeza quanto no reino do amor. Com tantas histórias e canções que nos rodeiam, sabemos como o amor deveria ser. No entanto, *como deveria ser* geralmente é bem diferente de *como realmente é.* Para complicar ainda mais, no fundo temos medo de ficar sozinhos. Apesar do nosso desejo de amar, muitas vezes não sabemos como permitir esse momento. O medo do abandono faz com que muitas pessoas passem a vida se protegendo e nunca conhecendo a verdadeira intimidade. Permitir que alguém nos conheça, deixando-o se aproximar, nos expõe à possibilidade de sermos feridos, de modo que não compartilhamos quem realmente somos – nos protegemos com os mais impressionantes escudos.

Vemos também as relações como o resultado final. Esperamos estar nelas para ser felizes. Dizemos a nós mesmos: "Quando eu chegar lá, vai dar tudo certo. Quando eu tiver meu primeiro namorado, meu primeiro beijo, meu primeiro amor, quando eu me casar, tiver um filho (ou dois)... então, terei tudo o que quero". Temos um relacionamento, a novidade se desgasta, o brilho desaparece e, muitas vezes, culpamos nosso parceiro por não satisfazer as nossas expectativas. "Era isso o que eu estava esperando? É só isso que existe? Você não sabe que eu mereço algo melhor?"

Nós fazemos as regras (muitas vezes acabamos nos esquecendo de que as fizemos ou ficamos alheios à sua criação inconsciente inicial) e, em seguida, deixamos de informar nossos parceiros – esperamos que eles saibam como devem se comportar, porque, afinal, eles disseram que nos amam! Acreditamos que eles devem seguir nossas regras e ficamos ressentidos quando não o fazem. Nossas expectativas são geralmente proporcionais à profundidade dos relacionamentos – muitas vezes, quanto mais próximos estamos de alguém, mais altas são as expectativas. (Você já teve o pensamento: "Ele me conhece tão bem que já deve saber sem que eu tenha de dizer novamente de que eu preciso?")

Voltando às expectativas de que David sempre supriria todas as minhas necessidades...

Agora, vamos ao relato do tal desentendimento. Para mim, passar por uma briga é o mesmo que sofrer uma TPM (tensão pré-menstrual). À flor da pele, extremamente sensível, totalmente abatida e muito, muito cansada – é assim que eu me descreveria naquele momento. David diz que agora entende como é a tal da TPM, e acredito que ele realmente saiba.

Como qualquer casal, temos altos e baixos. Durante os meses depois do incêndio, tentamos ser o mais gentil possível um com o outro. Então, às vezes, fatalmente iríamos entrar em atrito, como ocorreu no caminho de volta de um belo acampamento no sul do Colorado. Não sei exatamente como começou. Estávamos cansados, os dois viajariam a trabalho no dia seguinte, além daquela "depressão" natural de domingo, após uma longa viagem. Ele disse algo, eu disse algo, e tudo começou. Ele tinha certeza de que estava com a razão, e eu também me considerava certa.

Claro, é da natureza humana querer estar sempre certo. A maioria dos argumentos começa com pequenos problemas e se intensifica. Quanto mais mantemos nossas posições, mais enraizados ficam os problemas. Reunimos provas, botamos lenha na fogueira e, com o tempo, acabamos perdendo de vista o problema original. O que nos resta é, na melhor das hipóteses, "dar um tempo", e, na pior, pôr fim à relação.

Quando acredito que estou certa, gasto um tempo enorme remoendo os fatos em minha mente. Eu analiso obsessivamente as respostas e as ações da outra pessoa para encontrar as provas de que preciso. Nesse diálogo interno, nada muda. Tento elaborar o caso, mas não chego a lugar nenhum. Se eu continuar por esse caminho, na hora de discutir o assunto com a outra pessoa, já me tornarei o juiz, o júri e o executor.

Chamamos isso de "justiça", e eu fui agraciada com meu quinhão desse traço diabólico. É mais ou menos assim: temos tanta certeza de que nossa versão da história é a verdade que bloqueamos todas as outras possibilidades e matamos qualquer afinidade que poderíamos ter com a outra pessoa. Eu tenho a minha verdade e você tem a sua, e raramente elas se encontram. Basta perguntar a qualquer jurado. Todos enxergamos a vida de maneiras diferentes, e é um verdadeiro milagre quando chegamos a um acordo sobre o que vemos.

Porém, raramente mantemos essa consciência. Pelo contrário, assumimos que os outros veem as coisas da maneira que veem, e se eles não concordam conosco os classificamos como errados. Somando a isso raiva e julgamento, vai tudo por água abaixo. Sabemos que é horrível estar sob o julgamento de alguém, especialmente quando não podemos compreender sua origem nem concordar com sua versão da realidade. No entanto, continuamos a fazer isso com os outros. Revendo a situação, conseguimos compreender como a guerra começa e continua. Compromisso absoluto com um ponto de vista ligado a sua recusa em ver que talvez estejamos vendo a situação somente a partir de nossa ótica – e isso não é a verdade absoluta, é a decadência da humanidade.

Estávamos em queda livre, e infelizmente, naquele momento em particular, nenhum de nós parecia disposto a dar o braço a torcer, a sair daquela situação ruim, e acabamos cozinhando-a em banho--maria durante o trajeto de volta para casa. Uma casa não faz um casamento, mas certamente pode criar um santuário onde a união reside. Nossa casa da montanha era assim. Sem ela estávamos, no mínimo, um pouco desconectados. Naquele momento em particular, eu vi uma cratera sugar nossa vida. Sem a casa como ligação, o que faríamos? Seríamos capazes de ficar juntos? Em momentos acalorados, fica muito claro por que muitos casais explodem em tempos de crise. Uma coisa leva à outra, e, antes que perceba, você diz coisas terrivelmente dolorosas, como "acabou!", ainda que não acredite que aquilo seja verdade. Essas palavras específicas não saíram de nossos lábios, mas rodaram em nossa cabeça – pelo menos na minha.

Todas essas brigas, ocorridas em momentos nos quais eu estava me sentindo perdida, trouxeram à tona meus problemas de abandono. Nesses momentos de angústia, a primeira coisa que penso é: "Você vai me deixar". E eu sei a causa disso: meu pai foi embora quando eu tinha 8 anos. Sim, havia todos os tipos de justificativas aceitáveis para que ele tivesse tomado tal decisão, mas tente dizer isso a uma criança. Tente dizer isso a uma mulher cansada, preocupada e perturbada de 46 anos.

Aprendi (por tentativa e erro) que é melhor evitar a frase "Então, você vai me deixar?". Uma resposta dada no calor do momento não vai proporcionar qualquer conforto à minha alma angustiada. Faço meu melhor para pôr em prática o velho princípio do "cala a boca", sem dizer isso em voz alta. (Não estou afirmando que eu não diga nada para piorar as coisas, só não uso essas palavras em particular.)

David e eu continuamos a tornar as coisas piores, até que aconteceu algo enquanto dirigíamos próximo a um desfiladeiro. Eu senti vontade de rir do ridículo da situação. Quando o riso alcançou meus lábios, eu não pude me controlar. Ponderei como começar a conversa. Eu gostaria de estar "bem" o suficiente para simplesmente deixar fluir a risada, mas precisei de alguns minutos de negociação até que estivéssemos prontos para isso.

Então, nos abraçamos e choramos nossa frustração. Como temos uma grande "caixa de ferramentas" e anos de prática, não precisamos relembrar a briga eternamente.

Aqui estão algumas estratégias que David e eu reunimos durante duas décadas juntos. Não tenho a intenção de usá-las sempre, mas, sim, de que, quando eu as usar, elas funcionem!

Identifique as expectativas

Como fazemos isso? Primeiro, reconhecemos que temos expectativas e, então, descobrimos quais são. Em seguida, consideramos a possibilidade de abandoná-las ou nos perguntamos se estamos dispostos a atendê-las. Por exemplo: tenho a expectativa de que tiremos nossos sapatos quando entramos em casa. David concordou em fazer isso, mas às vezes esquece. Podemos brigar um pouco por causa disso se ele não quiser tirar os sapatos, mas ele sabe que concordou. Outro exemplo: David nunca concordou em dirigir a determinado limite de velocidade quando estou no carro com ele. Posso ficar brava quanto quiser, mas a verdade é que minha expectativa está baseada na minha própria concepção sobre como ele deve ser. Se ele vai mais rápido do que eu desejo, eu posso escolher dirigir, indo com meu próprio carro, ou ficar quieta. (E você, motorista do banco do passageiro, sabe bem o que quero dizer: ele não está nos colocando em risco; ele simplesmente está dirigindo de forma diferente do que eu gostaria.)

Pare de contar pontos

Como fazemos isso? Discussões passadas não devem ser levadas para a nossa próxima briga. Não jogamos coisas na cara um do outro. Resolvemos o que precisa ser resolvido e seguimos em frente.

Pratique a aceitação

Como fazemos isso? Praticamos aceitando que somos humanos. Todos cometemos erros. Temos nosso humor, nossas reações, nossos medos – e vamos continuar a tê-los.

Desista de ter sempre razão

Como fazemos isso? Nós nos perguntamos: "Quão realmente importante é meu posicionamento? Estar certo é mais importante que o meu relacionamento?". Por um momento, pode parecer mais importante, mas aos poucos recuperamos os sentidos e percebemos que a relação é mais importante.

Não espere

Como fazemos isso? Difícil! Todos nós sempre tentamos ser os primeiros a dizer "eu sinto muito", os primeiros a dizer "eu te amo". Fazemos isso movidos por um senso de honra, não como forma de martírio ou vitimização. (Se nossa motivação é ser superior ou "Acho que tem de ser eu *de novo*", estamos perdendo o foco.)

Quando perdoar, seja magnânimo

Como fazemos isso? Não perdoamos parcialmente nem guardamos rancor. Perdoamos totalmente. O perdão pode ser definido como "deixar que tudo volte a ser como antes". Antes de formarmos expectativas, opiniões e julgamentos. Antes de termos sido feridos ou de sentirmos medo de ser feridos. Antes de fecharmos partes de nosso coração. Antes de termos a certeza de que estávamos certos.

Todos somos capazes de muito mais do que imaginamos. O papa João Paulo II perdoou o homem que tentou assassiná-lo, e Nelson Mandela perdoou os guardas da prisão que o maltrataram. Esses exemplos representam um nível quase inconcebível de perdão. No entanto, a maioria de nós é especialista em guardar pequenos rancores. "Eu não gosto do jeito como David falou comigo nesta manhã. Ele não deveria falar assim comigo..." "Eu não gosto do tom que minha colega de trabalho usou..." Imagine o que seria possível se estivéssemos dispostos a parar de guardar rancor, a deixar de mesquinharia. Parar de esperar até que estejamos "prontos" para perdoar.

Por que perdoar? Porque o perdão é um presente que damos aos outros e a nós mesmos. Ele quebra as algemas da raiva, do medo e do ódio que nos prendem. Ele permite que o passado seja superado. Ele nos permite, e àqueles a quem perdoamos, seguir em frente. Ela abre algo novo para hoje e amanhã. Saímos do ressentimento e partimos em direção a um lugar novo e limpo.

Ou podemos perdoar, simplesmente por causa do perdão.

O amor a si mesmo é um romance para a vida toda.
(Oscar Wilde)

Certamente, nossa relação não é sempre um mar de rosas. Temos altos e baixos, pequenas discordâncias e grandes dificuldades. Às vezes, o que nós dois queremos fazer é *fugir*. Por um momento, podemos até acreditar que a vida poderia ser melhor com outra pessoa. Talvez aquele príncipe encantado e perfeito esteja lá fora, em algum lugar, esperando para ser descoberto. E, então, paramos e nos lembramos de quem somos. E voltamos ao amor e ao compromisso – ao respeito mútuo e à escolha. À medida que os anos passam, questões que costumavam durar dias ou até mesmo uma semana se mantêm por algumas horas, no máximo. Quando a tempestade passa, rimos juntos do que antes parecia tão importante. Nos esforçamos para compreender um ao outro – e às vezes rir de nós mesmos, mesmo quando é difícil. Como tudo na vida, temos de aprender à medida que avançamos. David e eu continuamos fazendo isso. Cada vez que temos uma briga terrível, eu gostaria que fosse a última, mas ser humano é, às vezes, discordar, e ser casado há muito tempo é adequar-se às situações.

O mais importante a fazer é aprender a amar e aceitar a si mesmo. Podemos conhecer a nós mesmos, assim como podemos descobrir nossos gostos e nossos desgostos. Podemos também passar algum tempo sozinhos e aprender a desfrutar de nossa própria companhia – se não gostarmos de nossa própria companhia, ninguém mais gostará. Além disso, esperaremos para sempre para encontrar o amor que está logo ali à nossa frente: o amor por nós mesmos.

A partir do autoamor, podemos entrar em um relacionamento e ser a pessoa com quem gostaríamos de nos relacionar. Então, como construímos relacionamentos? Conservando-os. Cinco de minhas melhores amigas e eu nos reunimos regularmente, e depois de alguns conflitos dentro do nosso grupo, elas trouxeram a seguinte lista de objetivos de vida:

1. *Encare o mundo.*
2. *Crie relacionamentos.*
3. *Ame sem pudor.*
4. *Cometa erros.*
5. *Procure descobrir o que precisa ser melhorado.*
6. *Perdoe a si mesmo e aos outros por serem humanos e errar.*
7. *Agradeça a Deus pelo processo e pela oportunidade.*
8. *Ame-se descaradamente.*
9. *Repita os passos 1 a 8 diariamente.*

Para refletir

Você continua a esperar por alguém mais especial, mesmo estando em um relacionamento?

Você induz seu parceiro à falha, isto é, você espera que ele descubra e atenda a todas as suas necessidades, leia sua mente? Se a sua resposta imediata é um desapontado "Eu não!", você está disposto a repensar tudo isso, com mais cuidado, e perceber se está fazendo isso?

Um dos melhores conselhos que já recebi sobre relacionamentos (independentemente de estar ou não em um) foi do meu mentor, Bill. Ele pediu que eu fizesse uma descrição detalhada do meu parceiro ideal. Em seguida, ele disse: "Agora, seja isso!".

A verdade é que podemos ter amor mesmo quando não estamos em um relacionamento romântico. Podemos amar amigos, a família, animais de estimação, o que fazemos e onde e como vivemos. Se acreditarmos que não somos amáveis, nunca encontraremos o verdadeiro amor nem a satisfação que buscamos. Se acreditarmos que somos, podemos encontrar essa satisfação em nós mesmos e deixaremos de exigir que os outros nos completem.

Com uma pequena ajuda dos meus amigos, eu consigo

Almas gêmeas – o próprio tecido de que você é feito é muito familiar. Parece que somos todos tecidos do mesmo fio.
(Lewis Carter)

Celebro o tesouro que são meus amigos. Se eu fosse exaltar as qualidades de cada uma das mulheres magníficas que fazem parte da minha vida, não tiraria mais os dedos do teclado. Uma das muitas dádivas de estar na recuperação dos Doze Passos é a profundidade das relações que se formam. Quando sobreviventes de um perigo comum se juntam, uma ligação é formada e jamais esquecida. É claro que cabe a nós cultivar esse vínculo. Meus amigos são de fato tecidos do mesmo fio – independentemente de termos nos conhecido em salas dos Doze Passos ou não. Nos apoiamos nos altos e nos baixos, nas reviravoltas da vida. Principalmente depois do incêndio, meus amigos me fizeram seguir em frente, quando tudo o que eu queria fazer era parar.

Nos meses após o incêndio, passei a valorizar mais ainda a amizade e a dinâmica de troca. Receber a ajuda de pessoas por um período prolongado de dificuldades pode ser algo muito interessante. Desempenhar o papel daquele que recebe amor e apoio por muito tempo pode desafiar até mesmo o mais equilibrado de nós. Nossa primeira tendência é geralmente esperar até que nos sintamos melhores antes de nos aproximarmos das pessoas. Isso é tão comum que talvez seja a maior "espera" pela qual passamos quando se trata de relacionamentos.

Não muito tempo depois do incêndio, sonhei que havia demandado demais de minhas amigas e acabei sendo evitada pelo grupo de mulheres. Ao perceber isso, tudo o que eu queria era ir para casa e bater a porta. Mas eu sabia que eu não tinha uma casa. E, de repente, estava sozinha.

Acordei suando. Sabia que era meu medo surgindo. Sabia que era minha preocupação de sobrecarregar os outros com meus pedidos e minha necessidade de apoio. Não sou a única que se sente desconfortável ao pedir ajuda. A maioria das pessoas é melhor em dar do que em receber. Temos problemas em pedir. Não queremos incomodar ninguém. Temos medo de parecer necessitados. Muitas vezes descobrimos que somos poderosos quando podemos oferecer amor e apoio aos outros, mas não nos saímos tão bem quando somos nós que precisamos de cuidados.

Na infância, quando eu me via confrontada com qualquer causa de estresse, muitas vezes eu recuava e me isolava. Como costuma-se dizer nas salas dos Doze Passos, "resolvemos o problema da solidão nos isolando". É assim: quando estamos nos sentindo fortes e bem, ficamos felizes em estar com outras pessoas. Quando nos sentimos uma porcaria ou vulneráveis, esperamos até estarmos melhores antes de interagir com alguém. Em vez de aceitar o auxílio daqueles que estão dispostos a ajudar, optamos por nos isolar e esperar que tudo melhore.

Felizmente, naquele momento da minha vida, lidando com tamanha crise, eu sabia que precisava correr *para* as pessoas, e não *delas*. Sabia que precisava de amigos, talvez mais do que nunca, independentemente das minhas preocupações.

Ficamos em porões de amigos, casas emprestadas e novamente em porões. Nossos amigos nos levavam comida, dormiam conosco, nos ajudavam com a papelada do seguro, vasculhavam as cinzas de nossa casa e, o mais importante, muitas vezes deixavam que chorássemos em seus ombros.

Algumas vezes ficamos na casa de minha amiga Jessica. Toda a família nos recebeu de braços e coração aberto, convidando-nos para ficar o tempo que precisássemos. Adorei. Eu adorava estar no ambiente de uma das melhores amigas do mundo. Jessica é uma rocha. Resumindo, é uma daquelas pessoas sem as quais eu não tenho certeza se poderia – ou gostaria – de viver. Quando nos conhecemos, dispostas a manter uma amizade verdadeira, fizemos uma cláusula de "não abandono", por isso temos liberdade de revelar nossos lados obscuros.

Não precisar "se comportar" proporciona uma grande sensação de liberdade. Muitas vezes acabamos nos preocupando demais com o que as pessoas vão pensar de nós. Tentamos ser bons, amáveis, simpáticos e educados e podemos nos afogar nesse mar de bondade. Esperamos, esperamos e esperamos para finalmente ser nós mesmos, desejando experimentar a liberdade de nosso modo de ser, mas não vamos conseguir se não deixarmos a bagunça aparecer também.

Jessica e eu nos permitimos uma experiência mais rica. Nós brigamos (não com frequência, mas, quando acontecem, as brigas são feias). Somos mulheres de temperamento forte, com muitas convicções. Certa vez, antes do incêndio, ela achou, por algum motivo, que eu estava me distanciando dela, e minha resposta assustada foi um palavrão daqueles. Traduzindo: "Eu não vou a lugar algum, te adoro, preciso de você, nunca vou deixar essa amizade, você está presa a mim para sempre. Nunca duvide disso, certo?". Saiu um pouco diferente disso, mas eu me senti aliviada depois de dizer – aquele tipo de alívio profundo que você só experimenta quando diz uma verdade absoluta. Então, fui até a casa dela disposta a falar algo mais agradável.

Ter de "se comportar" é sufocante. Obviamente, não estou sugerindo que devemos sair por aí soltando palavrões à vontade nem que deixemos de ser gentis e cordiais, mas entre amigos há certa liberdade que nos permite mostrar nossos pontos fracos e nossa pior faceta.

Felizmente, tenho cultivado esse tipo de amizade. Quando enumero minhas bênçãos, conto minhas amizades duas vezes. Talvez mais do que em qualquer outra área da minha vida, nas minhas amizades é onde espero menos. Como faz parte do meu ser, a espera não é totalmente ausente em minhas amizades, mas aprendi logo cedo que ter amigos queridos era não ter de esperar sozinha. Para ter o tipo de amigos que você sabe que estarão lá nos momentos bons e ruins, é preciso vivenciar bons e maus momentos. Em algum ponto, temos de parar de esperar por esse tipo de liberdade e lutar para cultivá-la. E a única maneira de isso acontecer é correr riscos com as pessoas que fazem parte de nossa vida. Pare de dizer aos seus amigos que você está "bem" quando você não está. Diga-lhes a verdade. Mostre sua bagunça!

Uma cilada comum para muitos de nós é esperar que uma pessoa atenda a todas as nossas necessidades. Fazemos isso em relacionamentos afetivos e também em amizades. Mesmo o melhor dos melhores não é capaz de suprir nossas demandas o tempo todo. Muitos de nós, que somos superexigentes, sabemos o que é tentar fazer isso para os outros. É cansativo. Precisamos ter vários nomes na discagem rápida. Tudo bem se há apenas alguns, mas saiba que você pode discar quando as coisas ficam difíceis. Nos meses após o incêndio, encorajei as pessoas do meu círculo pessoal a apoiar uns aos outros a me ajudar. Sei que estava ficando cansativo ficar ao meu lado algumas (muitas) vezes. Meus sábios amigos cuidaram muito bem de si mesmos e se aproximaram uns dos outros.

Passamos por momentos bons e ruins e sabemos que *realmente* (mesmo que às vezes nos esqueçamos) estaremos aqui um para o outro, sempre. Sim, eu sei que continuo falando sobre a falta de garantias na vida, mas isso é uma das poucas coisas de que tenho absoluta certeza! Ouviremos a verdade de nossos amigos. Nos meses após o incêndio, quando o estresse aumentou, nossos amigos sutilmente nos disseram que estávamos horríveis e depois nos deram fortes abraços.

Para refletir

Em sua vida, com quem você pode contar para lhe dar um abraço? Quem tem estado presente para pôr você pra cima quando sua vida parece desmoronar? Quem é o amigo de confiança, que lhe dá os melhores conselhos e nunca lhe dá socos dizendo que as coisas são como elas são? Quem você pode ficar sem ver durante anos e ainda saber que está lá? Você está disposto a mostrar sua bagunça aos seus amigos?

Se você lê essas perguntas e sente que tem poucos amigos, pense nas qualidades de pessoas que você admira, com quem você interage regularmente (por exemplo, colegas de trabalho). A verdade é que você *tem* pessoas por perto. Quais são as qualidades que você admira nelas e quem você está disposto a chamar de amigos?

Bethany, de 30 e poucos anos, contou esta história:

Eu sempre fui uma pessoa de muitos amigos, mas o que eu percebi depois de passar por um rompimento com meu namorado e chorar sozinha durante semanas a fio é que eu só me sentia confortável quando apoiava os meus amigos, e não quando pedia apoio. Eu não queria que me vissem vulnerável, mas eu me perguntava por que eu não tive o conforto que eu desejava. De repente, aquilo me atingiu como uma tonelada de tijolos. Minha mãe sempre dizia: "você faz amigos sendo amigo", e eu havia levado isso ao extremo! Eu não estava pedindo apoio – de forma nenhuma! E, quando percebi isso, em vez de querer pedir, eu queria fugir. Consciente de que eu ainda estava disposta a passar pela experiência de ter uma melhor amiga, decidi correr um risco. Sentia-me muito sozinha pela minha separação, estava desesperada. Liguei para a minha amiga mais antiga e confidenciei meus medos a ela. Ela respondeu da melhor maneira possível, dizendo o quanto me amava e me admirava e como ela sempre desejava estar mais perto, mas não o fazia por pensar que eu não queria deixá-la se aproximar. Naquele momento, nossa amizade mudou completamente, e eu fui aos poucos criando coragem para compartilhar o que se passava comigo em relação a ela e também a outros amigos.

A história da Bethany nos ajuda a lembrar que tanto as pessoas muito simpáticas quanto as muito tímidas, reservadas ou introvertidas muitas vezes se ressentem de estar desamparadas ou sozinhas.

Para refletir

O que você pensa sobre o conceito de "fazer um amigo sendo amigo"?

Você se identifica com a história de Bethany? Você deixa as pessoas ajudarem ou se sente mais confortável no papel daquele que apoia?

Quem você poderia procurar agora para compartilhar algo que você nunca compartilhou antes?

Esse tipo bagunça é humana, mas não é a melhor coisa para todos. Alguns preferem que relacionamentos sejam limpos e organizados. Outros preferem que sejam poderosos e transformadores o tempo todo. Sou totalmente a favor de nos sentirmos poderosos; no entanto, como todo bom ser humano, continuo tendo minhas perturbações.

Recentemente tive uma discussão com uma velha amiga. Começou do nada, por causa de algo antigo em nosso relacionamento desgastado. Nós duas desempenhamos nossos papéis, e ambas, em momentos de estresse ou tensão, atormentamos uma a outra. Parece que "deveríamos" ser capazes de nos dar bem. Somos ótimas pessoas, ainda que muitas vezes nossas opiniões sejam opostas. (E, na verdade, não são realmente tão opostas, apenas são apresentadas assim por nós.) Duas vontades, uma não ouvindo a outra, o mínimo que seja, tentando dizer o que precisamos dizer, mas nenhuma mensagem verdadeira é recebida. Acabamos frustradas, tendo reunido mais "evidências" para nossa opinião sobre o que e como a outra é. A dança que escolhemos inconscientemente é a mesma de sempre – e, depois de pisarmos uma nos pés da outra, reclamamos para quem quiser ouvir. Credo!

Esse é um daqueles relacionamentos em que muitas vezes me encontro "desejando" que fosse diferente. Espero que essa pessoa mude para uma versão de si mesma, mais aprovada por Kristen. E espero que eu seja diferente, que eu seja uma versão da Kristen menos perturbada, menos reativa. Parece que eu e ela deveríamos ser melhores amigas. Passei muitos anos com o coração partido por causa disso (essa não é uma maneira tão atraente de estar perto de alguém). Tive muitos momentos maravilhosos com essa pessoa, partilhando gargalhadas profundas, familiares, que apenas uma relação de longa data pode produzir. E é inacreditável o quanto eu me apego a essas "pequenas" discussões, o quanto elas me deixam obcecada, repetindo-as várias vezes em minha cabeça. Eu fico o tempo todo esperando que alguma solução surja em minha mente, o que, como você já pode imaginar, não é a melhor das soluções.

O que podemos fazer de diferente nesses relacionamentos? Que outras escolhas podemos fazer?

Um dia, depois de uma conversa muito frustrante, fui a um show de Michael Franti[1]. Ao ar livre, sob o sol do Colorado, eu me perguntava o que Michael diria sobre tudo aquilo. Enquanto sua voz enchia o estádio, eu fiquei convencida de que ele entenderia. Ele diria que o amor é tudo o que importa. Ele também entenderia a escuridão e a angústia, e, enquanto eu observava como ele amava seu público, imaginei que ele provavelmente me daria um grande e suado abraço e um beijinho na bochecha. Em seguida, escreveria algumas letras. Enquanto escrevo minhas próprias "letras" neste livro, eu me pergunto: posso me desapegar o suficiente para deixar que o amor apareça? Posso me libertar das minhas mágoas e do meu eterno dilema de me sentir incompreendida nesse relacionamento? Será? Como seria se eu fizesse isso?

Antes de responder, quero que você considere a pessoa que você é neste momento. Talvez você não tenha passado por nenhum grande conflito recentemente, mas claro que há alguém que se recusa a se comportar como você espera, e certamente você continuará a se relacionar com essa pessoa da mesma maneira decepcionante, assim como você continua a esperar que, de alguma forma, tudo ficará melhor.

Quando visualizei Michael Franti na luz do sol, senti surgir uma paz. Percebi que poderia desistir das minhas expectativas sobre aquela relação. E eu aceitei o fato de que provavelmente teria de desistir

---

[1] Michael Franti é um poeta, músico e compositor americano, vocalista da banda Michael Franti & Spearhead, que combina hip-hop e vários outros estilos, incluindo funk, reggae, jazz, folk e rock (N. E.).

de novo. Como minha mãe disse uma vez, alguns relacionamentos se assemelham a ir a uma loja de materiais de construção para comprar pêssegos. Não importa quantas vezes voltemos à loja, eles nunca terão pêssegos. Portanto, quem era a louca que continuava voltando e esperando que as coisas fossem diferentes? Eu.

E assim, agradeci ao bom Deus, manifestado no rosto de Michael Franti, por estar cercada de muitas pessoas que compartilham da mesma crença que eu. Queremos ser ouvidos e respeitados em nossa angústia, escuridão e humanidade confusa. Se tivermos cuidado, amor e atenção para acalentar e aprofundar nossas amizades, serão grandes as chances de ter algum conforto quando se trata de sermos reais e nos expressarmos livremente, o que inclui tanto o agradável quanto o desagradável.

Logo após o incêndio, escrevi isto para amigos, em gratidão por seu amor e seu apoio:

Pegarei você quando você estiver caindo. Em seguida, você me pegará. Então, eu vou pegar você. Nós pegaremos uns aos outros. Seguraremos uns aos outros. Eu não quero ficar neste mundo sem você, eu realmente não quero. Posso evaporar, se estiver sem esse tipo de amor e apoio. Não me diga que eu ficaria bem sem você. Eu ainda tenho meus apegos. A maioria deles foi queimada, mas alguns eu ainda mantenho. E eu estou definitivamente mais ligada a você! Amo seu coração bondoso e frágil, assim como você ama o meu. Juntos, sobreviveremos a este incêndio chamado vida. Queimaremos juntos, ressurgiremos como a Fênix e dançaremos neste mundo louco, selvagem.

Para refletir

O que você, caro leitor, está esperando para dizer às pessoas à sua volta o que precisa ser dito? O que você precisa ouvir delas? O que você precisa ou quer ver? Você já tornou essa necessidade clara ou a escondeu como um segredo vergonhoso?

Você está disposto a perguntar o que as pessoas precisam/querem de você?

Você, obviamente, é livre para aceitar, recusar ou negociar algo diferente!

Assim, vou chorar sempre que precisar. Vou chorar no ombro dos meus queridos amigos – agradeço-lhes desde já. Vou tremer e soluçar. Vou rir junto. Caminharemos lado a lado nessa coisa chamada vida. O cru e o bonito. O selvagem e o misterioso. O profundo e o corajoso. Quando temos aqueles que chamamos de amigos queridos, podemos, de fato, enfrentar com eles tudo o que a vida tem a oferecer.

Ela é uma mãe sensacional

As crianças começam amando os pais; quando crescem, os julgam; às vezes os perdoam.

(Oscar Wilde)

Em um mundo perfeito, à medida que crescemos, nosso relacionamento com nossos pais amadurece junto conosco. No entanto, muitos de nós ainda esperamos que eles se tornem perfeitos ou que finalmente nos aceitem. Mesmo que pareçamos adultos por fora, é comum que nosso vínculo com nossos pais esteja preso em um túnel do tempo. A qualquer interação desconfortável, voltamos a agir como um adolescente (ou talvez uma criança de 2 anos de idade em um acesso de raiva). Nunca conseguimos vê-los como as pessoas que realmente são – e nossa principal reclamação é que eles não nos veem dessa maneira.

Vamos começar com a mãe. Mãe, o relacionamento mais próximo fisicamente que teremos. Mãe, que nos carregou no útero, de cujo corpo fomos alimentados. Mãe, com quem queríamos nos parecer muito ou nem um pouco. Mãe, com quem brigamos, que amamos, adoramos ou injuriamos. Essa mãe. Temos uma visão idealizada dela (não importa quão ideal nossa mãe "real" tenha sido), e é por ela que estamos esperando, cuja compreensão, aceitação e aprovação muitas vezes estão fora de nosso alcance. Até chegarmos a alguma clareza sobre esse relacionamento – mesmo que apenas em nossa própria experiência –, como não poderíamos esperar, *ad infinitum*, em tantas outras áreas da vida? Como não poderíamos esperar e necessitar da aprovação de tantas outras pessoas para depois descobrir que essa aprovação não compensaria a falta ou a percepção real inicial?

Mães lindas

Considero minhas queridas amigas Jessica e Dusty mães extraordinárias. Eu as vejo com suas filhas e aprendo mais sobre o que significa amar. As meninas estão em diferentes estágios de vida – as de Jessica, com 3 e 5 anos, e as de Dusty, com 10 e quase 16. Elas são excepcionalmente lindas, criadas por mães autoconscientes, apaixonadas, ousadas e extremamente amorosas. Essas meninas têm o alicerce para se tornar autoconfiantes, mulheres fortes como muitas de nós tivemos de aprender a ser, por nossa conta, passando por provações e tribulações. Claro, não há garantias, mas em momentos oportunos lembrarei essas meninas de quem são e de onde vieram. Planejo estar perto delas por um bom tempo.

Sou sortuda por ter uma mãe de temperamento forte, bonita, brilhante e talentosa, ainda que esteja muito longe de mim agora, na ensolarada Flórida. Ouvindo meu coração, faço uma pausa para escrever-lhe estas palavras:

Obrigada, mãe, por me influenciar com seu amor por cavalos, com abraços, com arte, dança, riso, e muito, muito mais. Você tem uma bela alma, e estou feliz que você não tenha aberto mão de ter filhos depois de ter sofrido alguns abortos desoladores. Sou grata por tê-la como minha mãe, minha professora e minha amiga.

Minha mãe era dançarina do ventre, artista e rebelde na década de 1970; agora, já na casa dos 70 anos, em muitos aspectos, ela ainda é tudo o que mencionei. Tive a oportunidade de lembrar do passado sobre algo que minha mãe gostava de fazer enquanto participava de um show de dança do ventre de uma querida amiga em nossa pequena comunidade, num vilarejo de montanha.

Certa vez, em um sábado nublado, chuvoso e frio, fomos banhadas pela luz suave que vinha do palco enquanto inúmeras dançarinas

O que você está esperando? 81

expressavam a beleza da feminilidade em todas as formas e todos os tamanhos. As cores eram ricas, os movimentos, exóticos, a beleza, real. Vi minha mãe como uma daquelas dançarinas, excitada, nervosa – e disposta a ser livre no palco e se mover com a música e a coreografia do grupo. Por um momento, vislumbrei minha mãe como mulher, não só como minha mãe.

É maravilhoso – e raro – quando saímos de nós mesmos tempo suficiente para vislumbrar outras pessoas como elas são, fora de seu relacionamento conosco. Sejam nossos pais, filho, marido, seja nosso melhor amigo, temos padrões de relacionamento com eles, e isso impede que os vejamos em sua totalidade. Na maior parte do tempo, estamos no piloto automático. Agora, você terá a oportunidade de explorar isso em suas relações.

Vamos começar com sua mãe. Ela pode ter sido a mãe mais terrível do mundo. Ela pode tê-lo abandonado quando você era jovem ou ter batido em você durante a sua vida inteira. Ou ela pode tê-lo responsabilizado por sua angústia sobre o mundo. Fazer as pazes não significa que vocês vão passar a tomar chá aos sábados. Não significa que você goste dela. Significa apenas que vocês fizeram as pazes. Você encontra uma parte de seu coração que lhe permite perdoar. Você descobre que ela é apenas um ser humano e que as ações que realizou – certas ou erradas – representam a reação dela ao mundo. Assim como você, ela já teve esperanças, sonhos e aspirações. Ela não pretendia ser aquela pessoa violenta/alcoólatra que o abandonou ou simplesmente aquela pessoa controladora que se tornou. Nenhum de nós tem a intenção de ser assim.

Assim como você tem sonhos ou desejos já concretizados, sua mãe também teve. Possivelmente, o nível de amargura dela é proporcional a quão cedo ou drasticamente a luz foi extinta da vida dela, talvez por causa de determinadas circunstâncias. Talvez ela tenha tido a mesma educação que deu a você. Talvez você nunca saiba, talvez você já saiba e talvez agora você seja capaz de perguntar a ela e realmente se preocupar.

Se esses extremos não parecem se aplicar a você, eu o convido a analisar a questão mais profundamente. Estou afirmando que a maioria de nós ainda tem alguma questão materna a resolver. Se você realmente diz que não, pense em alguma outra pessoa importante e impactante em sua vida, talvez alguém que lembre sua mãe... O que acha de perdoá-la? Faça as pazes com essa pessoa.

Para refletir

Por um momento, desligue-se de sua relação com sua mãe. Pense em quem ela era quando criança, como foi sua educação, o que ela amava fazer. Imagine como se você fosse uma estranha observando a vida dela. O que você vê sobre sua mãe que não havia visto antes? O que você está esperando em seu relacionamento com ela? Quais são as feriadas que ainda não estão cicatrizadas? Qual é sua ideia de mãe perfeita? Alguém poderia realmente ser assim?

Não nos esqueçamos dos pais

E agora vamos falar sobre o pai. Ele foi a primeira figura masculina a voltar sua atenção a nós e nos encher de amor. Esperávamos seguir seus passos quando andávamos pela casa com seus sapatos. Permanecemos com o cheiro da loção pós-barba que ele deixava em nossas bochechas quando nos beijava dando tchau. Encostávamos em sua barba e fazíamos muitas perguntas sobre o mundo. Nosso pai nos mostrou o que era ser forte. Ele demonstrou bravura, coragem e cavalherismo. Aprendemos a nos relacionar com outros homens enquanto crescíamos sob sua tutela. Descobrimos, assim, o lado masculino do amor.

Se não nos damos bem com nosso pai, ou apenas superficialmente bem, ficamos confusas e, por vezes, caóticas quando se trata de relacionamentos. Assim como as mães, os pais podem ser maravilhosos ou horríveis, e às vezes eles são um pouco de ambos.

Fui abençoada em conhecer muitos pais maravilhosos, a começar pelo meu, que é sagaz, inteligente e capaz de enxergar a riqueza e a profundidade do mundo, que permite que os problemas partam seu coração e formem sua alma, que é capaz de amar profundamente e ainda ser forte, que é engraçado e acolhedor com todos. E tem também meu padrasto, que nos ama como os filhos que nunca teve, que me liga do nada para oferecer uma solução (ou duas) sobre algo que está me incomodando, que ama minha mãe do jeito que ela sempre quis ser amada, que é inteligente e engraçado e tem um lado rebelde brilhante. E meu irmão, que é grande, musculoso e corajoso e, ainda assim, permite que seu coração se derreta diante de seus dois filhos queridos. Ele os joga para cima e espera que encontrem suas asas para voar no futuro. Ele sabe das lutas que enfrentou em sua vida e deseja que esses meninos sejam poupados de qualquer dor. Ele constantemente se esforça para ser um pai melhor – em seu esforço, ele já é.

Além disso, vejo os maridos de minhas melhores amigas sendo pais com um amor e uma paciência tão grandes que fico comovida. Às vezes presencio momentos afetuosos entre eles – quando fazem tranças nos cabelos delas, as ajudam com a lição de casa e as colocam para dormir, prometendo sempre protegê-las de qualquer mal. Eu os vejo chorar de preocupação quando suas meninas caem no chão, se apaixonam e têm o coração partido, e também quando riem estrondosamente em suas travessuras. Paternidade é isso. Esses pais não serão perfeitos, mas são perfeitos porque fazem isso.

Parar de esperar pela perfeição em nossa relação com nosso pai significa que todos precisamos evoluir na maneira como nos relacionamos. Criar e manter um vínculo maduro é um desafio, e alguns padrões podem nunca mudar completamente. Ao telefone, minha mãe ainda me diz para "ter cuidado", não importa o que eu esteja fazendo (mesmo quando estou indo dormir), e ela corrige compulsivamente minha gramática. Meu pai, por outro lado, sempre me lembra de manter as duas mãos no volante, mesmo quando eu vou apenas arrumar o cabelo rapidamente.

Para refletir

Você se lembra daquelas perguntas que eu pedi para você responder sobre sua mãe? Agora, faça o mesmo pensando em seu pai.

Depois, é hora de escrever uma carta. Escreva uma carta para sua mãe e/ou seu pai ou escolha alguém com quem você teve problemas quando estava crescendo. Diga quanto eles amaram você e o que eles amavam sobre você.

Tabitha, uma empresária bem-sucedida e mãe de dois adolescentes, conta sobre seu esforço materno.

Meus pais nunca se divorciaram – e muitas vezes eu desejei que o tivessem feito. Brigavam constantemente, e eu e meu irmão estávamos sempre, de alguma maneira, no meio. Cada um de meus pais tinha um filho "favorito", e ambos esperavam que escolhêssemos o seu lado. Quando essas brigas começavam, nossa casa se transformava em um campo de guerra, um campo minado emocional, e ninguém estava disposto a se render. Quando eu finalmente saí de casa, aos 18 anos, prometi nunca ser como eles se eu um dia tivesse filhos – e eu nunca pensei que os teria, pois estava certa de que eu iria estragá-los de alguma maneira. Pulemos 25 anos de história. Sou bem casada e tenho dois filhos, um de 17 anos, e o outro, de 13. Sim, ao longo dos anos mudei e decidi ter filhos, mas o que não mudou foi meu medo de ser como meus pais. Minha mãe morreu há dez anos, e eu lamento por nunca termos feito as pazes. Saí de casa com raiva e nunca fui capaz de perdoá-la enquanto ela ainda estava viva. Eu falo com meu pai semanalmente, e mesmo sendo sua "favorita" e sempre ficando ao seu lado, é como se não pudéssemos perdoar a nós mesmos quanto ao modo como nos comportamos com minha mãe. Nunca conversamos sobre isso, o assunto se tornou um tabu entre nós. O que me assustou e me fez procurar ajuda foi que eu comecei a pôr meu filho mais novo contra o pai e o irmão. No início, isso começou gradualmente como uma esperança de que meu filho me confortasse depois de uma briga. Esse pensamento por si só me apavorava! Como pude ser tão horrível? Então, comecei a confiar nele depois de uma briga. Graças a Deus, eu senti repulsa pelo meu comportamento e percebi a discórdia que estava começando a semear em casa. Uma querida amiga e confidente recomendou um workshop que frequentava, e eu estava pronta e disposta. No segundo dia veio à tona minha dor sobre a morte de minha mãe e sobre minha falta de perdão. Passei a tarde chorando. Depois, com o incentivo do instrutor do workshop, liguei para o meu pai e tivemos a primeira conversa aberta em anos. Fomos capazes de dizer o indizível sobre nossa culpa. Meu pai chorou e pediu desculpas por ter me colocado naquela situação, e eu lhe disse que estava fazendo o mesmo com meu próprio filho. As conversas mais difíceis, no entanto, foram as que tive com meu marido e meus filhos para falar sobre meu comportamento. Depois de muitas lágrimas e conversas pesadas, todos admitimos que sempre teremos nossos problemas e defeitos, mas com um novo nível de consciência. Milagrosamente, rimos de tudo isso. Meu pai e eu entramos nos trilhos, e agora também tenho falado com meu irmão, que era meu inimigo mortal durante a infância. Não estou dizendo que é fácil, mas todos estamos quebrando velhos padrões e criando novas dinâmicas de relacionamentos.

Quando Tabitha terminou de me contar a história, passamos algum tempo falando sobre as maneiras como "esperamos" perdoar e amar nossos pais e também sobre as formas como negamos esse mesmo amor e aceitação de nós mesmos como adultos. Tabitha confessou que a pessoa mais difícil de perdoar é ela própria. Mas ela constantemente se lembra da importância do autoperdão, sabendo que, se não fizer isso, de algum modo estará seguindo o padrão.

Enquanto você gasta um tempo para examinar os próprios padrões com seus pais em relação ao que você ainda mantém e o que não perdoou, considere a ideia de desistir desses padrões, mesmo em pequena escala. Se esperarmos por pais perfeitos, ou sermos pais perfeitos, nós esperaremos para sempre.

8

Esperando me tornar a pessoa que meu cão pensa que sou

Minha ambição na vida é um dia ser a pessoa que o meu cão pensa que eu sou.
(EMILY MAUGHAN)

Adoração é pouco para descrever o que sinto por eles. Está mais para um amor de explodir o coração, algo que eu nunca senti antes. Estou falando sobre o amor que tenho pelos meus cães. Enquanto escrevo, tenho um companheiro fiel aos meus pés, e outro, de 40 quilos, aconchegado tão perto de mim no sofá que eu quase não consigo mover as mãos para digitar. E eu peço para que ele se mova? Não. Pelo contrário, aproveito o amor que sentimos um pelo outro e aproveito esse conforto por um momento durante a viagem solitária que é ser uma escritora.

Mais tarde, regozijo-me novamente e tenho uma nova oportunidade de aprendizado: se a impressão gigantesca da pata enlameada no meio do meu manuscrito recém-impresso *não me lembrar da simples perfeição da vida,* tem algo errado comigo, *algo muito errado!*

Meu marido e eu temos dois Rhodesian ridgebacks (leões da Ródésia) e um gato malhado. Muitas vezes, nossos animais são meus maiores professores – eles são minha "bússola". Eles me ajudam a perceber quando estou fora do trilhos, quando levo a vida um pouco a sério demais ou quando esqueço a alegria do momento. Eles me mostram a profundidade das coisas simples da vida. Meus animais me lembram de quem eu sou.

Os animais podem nos inspirar a ser menos ocupados, mais presentes, menos preocupados, mais alegres e mais apaixonados pela vida. Eles nunca nos julgam pelas coisas que fazemos ou não fazemos. Animais não se queixam. Eles não fazem drama. O seu tipo de espera, uma espera saudável, é a paciência em si. Sua visão do mundo é imediata. Enquanto procrastino, fico parada pelo medo, perco os meus sonhos de vista e duvido de mim mesa, meu cão Tigger não espera para viver. Pelo contrário, ele pula de alegria em qualquer cama ou sofá à vista, um lembrete constante para eu parar e aproveitar uma fungada de cachorro. Descontente por ser ignorado, uma pata gigante pousa no meu braço ou na minha perna. Agora mesmo, ele levanta uma sobrancelha quando percebe que estou fazendo esses elogios a ele. Tigger me deixa animada com as pequenas coisas, com os prazeres simples da vida. Como é que aquela comida seca de cachorro para o jantar parece nunca perder a sua magia? E "passear" parece uma palavra encantada.

Agora, para continuar minha prática da "não esperar", eu largo tudo para beijar sua cabeça. Sei que estou praticando o bem viver quando sinto vontade de parar por um momento e aproveitar o que realmente importa.

Meu marido e eu tivemos nossa primeira lembrança do que realmente importa sob a forma do Jaxson, um precioso Rhodesian ridgeback de 7 semanas de idade, o qual rapidamente tornou-se um selvagem, constantemente fez com que nos questionássemos sobre nossa sanidade mental e nos deixou em farrapos quando morreu repentinamente, aos 11 anos e meio.

Quando ele morreu, minha dor era gigantesca. Eu estava viajando, e David me ligou com a notícia. Seis meses antes, Jaxson fez uma cirurgia para remover um tumor do baço. Após o procedimento, os sintomas que haviam deixado os médicos perplexos por meses sumiram, e ele recuperou um pouco do espírito de filhote. Então, uma noite, David voltou para casa e o encontrou caído no chão. No caminho para o veterinário, Jaxson parou de respirar. Mais de três anos depois, eu ainda choro pela perda desse grande amigo. Faço uma pausa para barganhar com Deus ou com quem quer que esteja lá em cima ouvindo: "É melhor você não levar o Tigger". Soa mais como uma ameaça do que uma "barganha", mas eu quis dizer isso. O que eu faria para prosseguir minha ameaça? Eu não tenho ideia, mas me dá uma ilusão de controle. "Não se atreva. Você está me ouvindo?" Sim, sabemos que eles vão morrer um dia. Não queremos que aconteça e faríamos qualquer coisa para impedir. Quando acontece, lamentamos profundamente, e a mera ideia de outra mudança brusca na vida é quase demais para suportar. Tigger só tem 2 anos e meio, mas será que sou capaz de mantê-lo a salvo dos perigos do mundo? Sim, notei que essa é a pergunta que os pais precisam enfrentar todos os dias. Nós, que somos pais de animais de estimação, conhecemos essa angústia através dos olhos dessas doces criaturas. Os animais confiam em nós. Na verdade, seus antepassados sobreviveram sem ser domesticados por muito tempo antes de os seres humanos se envolverem, e os animais domésticos perderam a capacidade de se virar sozinhos. Eles comem o que encontram, e às vezes não é bom. Meus cães andam muito e, como vão para longe, podem não saber se defender. Prometemos cuidar deles e mantê-los protegidos. Eles nos protegem em troca, e acabam arrasando nosso coração no processo, por sua vida ser tão mais curta que a nossa.

Será que eu sacrificaria esse amor para evitar esse sofrimento? Não, eu amo cães, sempre amei e sempre amarei. Amamos todos, mas alguns em especial tornam-se nossas almas gêmeas.

Uma querida amiga, Renata, conta sua versão do "amor de filhote".

Depois de perder minha mãe para o câncer e me sentir completamente sozinha no mundo, decidi continuar a tradição dela e adotar um animal do abrigo local. Em um dia chuvoso, eu passei pelos canis e vi os cães desabrigados abanando o rabo e encolhendo-o. Meu coração estava apertado, pois eu sabia que podia escolher somente um. Como poderia escolher? Eu já tinha quase perdido a esperança de fazer a escolha "certa" quando uma visão triste em particular chamou minha atenção. Cego de um olho, ele cambaleou até a porta quando me aproximei. Seu pelo era irregular, suas costelas, saltadas, uma orelha para cima e a outra caída. Ele resmungou enquanto se movia, mas o rabo continuou batendo. Algo em seu único olho falou comigo, e eu pensei: "Então, é você".

Ralph veio para casa comigo no dia seguinte. Não foi fácil. Passamos por um período de adaptação. Ele era tão preso em seus hábitos como eu era nos meus. Seu olho bom continuava inflamando, e por um tempo não tínhamos certeza se ele continuaria enxergando. No entanto, mesmo nos dias em que queria entender por que tinha me metido nisso, uma pequena lição parecia surgir. Eu estava solteira havia tanto tempo, tinha apenas alguns amigos próximos, os quais eu quase nunca via, estava em um trabalho em que eu era boa, mas não tinha um amor — e eu me pegava falando com o Ralph incessantemente. Eu chorava a perda da minha mãe, lamentava por estar sozinha, reclamava do trabalho, e Ralph olhava para mim com seu olho bom e balançava o rabo. Se eu ficava em silêncio por muito tempo, era quase como sele dissesse: "Ok, é hora de pôr para fora. Eu quero saber o que você está sentindo. Fala comigo!", cutucando meu braço para chamar minha atenção. E, então, eu começava a falar, e o rabo começava a balançar novamente. Eu também comecei a observar quão corajoso Ralph era. Mesmo quando ele não podia ver, corria em volta da casa atrás de bolas, muitas vezes batendo nas coisas. Milagrosamente, isso nunca parecia detê-lo. Ele sacudia a cabeça e continuava andando.

Mesmo durante extensas visitas ao veterinário, quando eles cutucavam seu olho remanescente, ele sempre balançava o rabo com paciência. Com Ralph, meu coração começou a se abrir de uma forma como nunca havia feito antes. Comecei a falar mais com meus amigos, e minhas amizades floresceram. Então, um dia no veterinário, um homem de boa aparência prestou muita atenção no Ralph – e talvez um pouco em mim também, pois ele pediu meu telefone. Eu não ia a um encontro havia muitos anos, então não sabia no que ia dar. Mas o que Ralph continua me ensinando sempre é que devo manter meu coração aberto, aceitando novos desafios, mesmo que eu esbarre em móveis, caia e pare de esperar para amar.

Para refletir

Se você tem um animal, o que você acha que ele pode lhe dizer sobre suas escolhas diárias em termos de como você gasta seu tempo, seu humor e sua energia?

O que você se sente livre para dizer ou fazer perto de seu cão, gato ou outro animal de estimação que você não diz ou faz perto das pessoas? Se você não tem um animal de estimação neste momento, qual você acha que seria o benefício de algum tempo com animais? E como você pode fazer isso?

Às vezes, os bebês são ótimos para nos ajudar a ver as bênçãos de nossos animais. Numa manhã depois do incêndio, enquanto eu e meu marido estávamos morando com minha amiga Jessica, seu anjinho de 5 anos de idade, Cassidy, se aproximou enquanto eu escrevia. Com medo de que as palavras obscuras e cheias de dor que eu digitava manchassem sua inocência, eu parei. Aceitei a interrupção, permitindo que o meu coração se abrisse ao ouvi-la fazendo comentários aleatórios sobre tudo. "Você sabia que os cães podem pintar? Conheci um cachorro chamado Capitão... Quantos anos você tem?" Ela enfiou Tigger em um cobertor e beijou-lhe a cabeça, exclamando: "Você tem os melhores cães do mundo".

Com essas palavras, todos os meus problemas sumiram por um momento. "Sim", eu disse, "é verdade, eu tenho os melhores companheiros do mundo".

Atribuo uma grande quantidade da "sanidade" que mantive após o incêndio aos meus animais. Meu amor por eles e o foco em seu bem-estar foram uma oportunidade para sair de mim mesma e entrar no mundo deles. Eles sabem quem eu sou. E eu sei quem eles são. Não há espera para estar bem aqui, basta estar.

David e eu tratamos nossos animais como filhos que não tivemos. O bem-estar deles é de extrema importância. Mesmo no meio do nosso deslocamento durante o verão, Roscoe, o "do bem", dormia em sua caminha, brincava muito com os outros, fazia suas necessidades no pequeno pátio, o qual se tornou o seu novo quintal em nossa casa temporária. Tigger corria como um cavalo de carga, arrastando seus músculos pelo chão, e não usava o pátio – exigia uma caminhada para fazer as necessidades. Ele se enroscava em vez de comer e pulava nos sofás e na cama de todo mundo, o que nem sempre dava certo, dependendo do dono de nossa casa temporária.

Conforme o tempo passava, Roscoe continuava numa boa com nosso estilo de vida nômade. Já Tigger, a alma mais sensível, enfrentou problemas de adaptação.

Um dia, durante um passeio no parque, o que começou como um latido coletivo acabou se transformando em uma briga por território. Sempre muito amigável, nunca um "cão problema", Tigger provocou brigas com cães aleatórios. Não conseguíamos saber qual dos outros cães ele considerava uma ameaça ou se brigava simplesmente porque coçavam o cangote da maneira errada; ele simplesmente brigava e algumas vezes saía com pequenas marcas de dentes. Antes do incêndio, nossos cães tinham bastante espaço para passear. Depois, quando passamos a morar de porão em porão, eles se tornaram cães de "coleira", das quais se livravam apenas quando íamos ao parque.

Será que Tigger estava fazendo seu próprio luto? Será que ele estava absorvendo o nosso? Curiosamente, quando enfim deixamos de ser sem-teto e compramos uma nova casa em outra cidade, o comportamento dele mudou. Não brigou mais no parque do cão; voltou a ser o bobão de 40 quilos de sempre. Todos suspiramos aliviados quando estabelecemos nossa nova rotina.

O que podemos aprender com essas almas preciosas enquanto caminhamos pelo campo minado da vida? Muitas vezes, aos olhos dos animais, somos alguém diferente. Sua devoção é tão grande que eles chegam a nos espantar. Às vezes, se tivermos sorte, podemos sentir o mesmo por eles. Esse amor profundo e comovente abre nosso coração. Se estamos dispostos a amar tanto assim, nossos animais vão fazer parte de nossa vida. Eles também podem se tornar um motivo para amarmos sem qualquer espera. Através dessa abertura, podemos estender esse amor e essa aceitação a nós mesmos e até mesmo a outros que parecem não amar tão facilmente.

Desembrulhe seus próprios presentes

A verdadeira profissão do homem é encontrar um caminho para si mesmo.
(HERMANN HESSE)

Antes de o fogo reduzir minha antiga vida a cinzas – apesar dos meus muitos anos como terapeuta, instrutora e guia –, no fundo eu ainda acreditava que precisava fazer mais, ser mais, alcançar mais. Mesmo quando eu pedia aos meus clientes que fossem gentis com eles mesmos, eu ainda tinha um caso grave de "não o bastante", o que levou a uma impulsividade no meu trabalho.

Mesmo depois de tudo o que eu havia conquistado, eu sentia que não era o suficiente. Ter pós-graduação é bom e tudo o mais, mas, bem, a minha escola não era a melhor... Autora publicada, certo, mas eu deveria ser uma *best-seller* do *The New York Times*... Vencendo meu medo de estar no palco na frente de centenas de pessoas, havia dado grandes palestras, mas por que minhas mãos ainda suam? Por que ainda é tão difícil?

Blá, blá, blá! O meu nível de aceitação estava anos-luz da enorme autodestruição a que me submeti no passado, mas eu ainda queria provar alguma coisa e chegar a algum lugar. Eu era conduzida pela falsa esperança de alcançar a liberdade desejada. Um dia eu chegaria "lá", seria premiada e finalmente pararia de tentar tanto. Ironicamente, no meio do despertar de mais uma alma, recebi a oferta para escrever este livro. Então, um pensamento irritante e persistente veio à tona: como escrever um livro sobre espera quando eu mesma estava, mais uma vez, questionando o meu caminho? O incêndio suscitou questionamentos em muitas áreas da minha vida, mas a principal talvez tenha sido a minha carreira. Mesmo amando o meu trabalho, a maior parte da minha intenção de desapego era direcionada a ele e aos meus objetivos. Parecia que, de repente, eu havia deixado de amar o que faço para provar alguma coisa e obter sucesso, e isso causou uma inevitável exaustão.

Assim, apesar de basicamente não ter a mínima ideia do que estava acontecendo, como escritora e treinadora, eu sabia o que deveria fazer: dizer *sim, sim* para o desafio. *Sim* para deixar o passado para trás. *Sim* para a reinvenção. *Sim* para o futuro. *Sim* para o desconhecido. *Sim* para os prazos não cumpridos e para uma grande insegurança. *Sim* para os momentos de pura clareza. Isso me deu a oportunidade de escrever a partir de outra perspectiva, sem impulsividade e com grande entusiasmo. Eu encontraria o meu propósito novamente, assim como encontrei as palavras para escrever. Teria algo em que me concentrar, outra coisa além da minha dor, mas seria capaz de trazer a minha dor à escrita, a fim de contar a minha história verdadeira. Eu estava me expandindo e crescendo novamente.

Quando nos expandimos, podemos nos sentir nauseados, podemos nos perguntar se estamos à altura da tarefa, podemos questionar tudo. "Mais uma vez. *Sério? Mais uma vez? Eu já não havia resolvido isso? Ah, entendi. Aparentemente, ainda há mais a ser resolvido.*"

E levamos tudo isso para a caminhada. Carrego tudo isso comigo.

O incêndio pode ter abalado tremendamente as minhas ideias sobre carreira, mas consolidou a minha paixão pela escrita. Cinco dias após a tragédia, comecei um blog e, durante um período de nove meses, escrevi mais de cem mil palavras. Isso não é tarefa fácil. Toda as manhãs, eu acordava com pensamentos borbulhando e corria para o computador. Às vezes escrevia sobre a dor, às vezes, sobre as dádivas da vida. Desenvolvi meu método a partir da angústia e do luto e, quando a contagem das palavras cresceu, construí minha confiança como escritora. Deixei que viessem palavras cruas, não me censurei. Dei vazão à minha dor, com todas as imperfeições e os questionamentos. Disse coisas que eram difíceis de dizer em voz alta.

De acordo com muitos grandes escritores, ninguém se senta e escreve brilhantemente na primeira vez. Se é o seu caso, meus parabéns. O resto de nós se conforta com as sábias palavras de Anne Lamott – autora de muitos livros, incluindo muitos *best-sellers*, e ex-professora de redação. Durante uma entrevista, quando questionada sobre seu processo de escrita, ela respondeu: "Não se iludam. Eu não me sento e digo 'É tão maravilhoso ser eu!'. Estou no mesmo barco que vocês. Sento-me para trabalhar todos os dias no mesmo horário. Eu escrevo mal, e, em seguida, escrevo novamente. Tenho uma péssima autoestima e muitas ideias – idealizo algo pequeno, com que possa lidar e em seguida o realizo de forma ruim... Um rascunho terrível e ilegível é o caminho de casa".

Quão terrivelmente verdadeiras são as palavras de LaMott? "Mas eu não sou criativa...", foi o que passou pela minha cabeça enquanto eu olhava para o papel em branco ao começar o meu primeiro livro. Sabia o que era a criatividade e estava convencida de que não a tinha. Para mim, talento criativo e habilidades artísticas foram reservados a outras pessoas. Meus pais os tinham. Minha mãe, como uma artista extraordinariamente talentosa – em uma parede de casa ficava pendurado um desenho que ela fez aos 10 anos de idade (vários cavalos de corrida), o qual era um lembrete constante de como eu pensava que deveria desenhar; meu pai, por sua vez, como historiador de arte e curador do Museu de Belas-Artes de Boston.

Cada vez que eu colocava a caneta (ou o lápis) no papel, minhas figuras rudimentares de pauzinhos me depremiam. O veredito: eu não tinha talento.

Na faculdade, estudei história da arte. Eu podia apreciar o talento, mas, mais uma vez, ficou claro que eu não o possuía. E eu evitava escrever qualquer coisa – até mesmo notas de agradecimento –, pois nunca conseguia exprimir adequadamente meus pensamentos no papel.

Eis que, de repente, a inspiração para escrever meu primeiro livro apareceu, o que, obviamente, me levou a um novo dilema, dada a visão que eu tinha sobre minha falta de talento! Felizmente, naquela época eu já contava com horas e horas de trabalho de desenvolvimento pessoal. Sabia que podia sentir medo e, mesmo assim, ir em frente. Eu sabia que podia avançar, mesmo quando cada molécula do meu corpo me dizia para parar. E eu sabia como pedir ajuda. Ainda assim, eu estava em um momento decisivo. Eu precisava mudar minha visão de mim mesma como artista e como escritora.

E eu só poderia fazer isso escrevendo.

Houve vezes em que chorei e quis desistir, mas houve também aquelas em que comemorei minha coragem. Eu escrevi, reescrevi, rasguei tudo e comecei novamente. Contratei editores, mudei de rumo e, logo em seguida, mudei de volta. Disse a todos que estava escrevendo e me arrependi de ter contado. Eu cresci, me contraí e voltei a crescer, alongando-me ainda mais do que eu pensava ser possível. Iniciar qualquer novo projeto é um desafio. Sentar e olhar para a tela em branco pode ser horrível. As dúvidas começam a surgir e ameaçam bloquear qualquer inspiração. Mais uma prova do que eu digo aos meus clientes: você pode se refugiar e ir sozinho para a montanha, para perto de um rio, e mesmo assim não estar inspirado para escrever. Não há momento perfeito para criar. É preciso dedicação, dizer não a algumas coisas e dizer sim à possibilidade de ver surgirem na tela palavras que lhe aborrecem e continuar escrevendo ainda assim. "Não edite enquanto escreve" é um mantra. No entanto, é claro, perfeccionistas como eu não suportam isso! Eu tento seguir o meu próprio conselho e escrever, sabendo que posso voltar depois e editar. Eu poderia acrescentar isso à minha lista de preocupações: talvez eu esteja perdendo forças com minha escrita. E eu escrevo de qualquer maneira. Escrevo independentemente. Escrevo. É o que eu digo aos meus clientes – e a mim mesma também, muitas e muitas vezes.

Em algum momento da minha jornada, comecei a me considerar uma escritora, e isso passou a ser verdade. E, de alguma forma, eu me adapto bem, pois a maioria dos escritores (se não todos) tem muitas vozes na cabeça dizendo-lhes que são terríveis. Há muito espaço para a angústia nessa profissão.

E, com certeza, tive muitos dias de dúvida enquanto escrevia este livro. Para agravar a situação, ao escrever este capítulo eu me perguntava se mais uma vez eu não estava em uma busca inútil por um propósito! Ou seria aquela oportunidade de descobrir, de uma vez por todas, qual era o meu objetivo? E se fosse um meio-termo, nem a "busca inútil" nem "de uma vez por todas"?

Muitas pessoas passam a vida em busca de um propósito, esperando a *coisa certa* aparecer. Outras, por sua vez, não se permitem sonhar. Algumas escolhem a carreira profissional com base nas expectativas da família, ao passo que outras ainda trabalham em empregos de que não gostam, desistindo de serem felizes nesse âmbito. Eles separam totalmente sua vida pessoal do trabalho, dizendo coisas como: "É apenas um trabalho, eu não preciso gostar. Eu posso aproveitar minhas horas de descanso e esperar a aposentadoria".

O que é exatamente esse tal de propósito? Está trancado no fundo de nossa alma? Ou somos nós que o criamos? Convivemos com ele durante e esperamos que um dia ele bata em nossa porta? "Olá, sou eu, o seu propósito. Você tem me procurado por todo esse tempo e aqui estou eu! Vamos fazer alguma coisa!" Muitos de nós apenas têm esperado um intervenção milagrosa. Eu sei que a esperei por muitos anos. Na minha adolescência, vira e mexe eu me perguntava: "O que eu vou ser quando crescer?". Isso me preocupava, porque eu achava que já deveria saber a resposta – aparentemente, muitos dos meus colegas tinham pelo menos alguma ideia. A pergunta seguinte era: "Quando, exatamente, vou crescer?".

Ser um adulto nunca me pareceu uma boa. Eu me sentia insegura sobre mim mesma por tanto tempo; por que eu iria querer a responsabilidade que a vida adulta impõe? O fato de eu me esforçar tanto nos estudos, lutar contra demônios e vícios, mal tendo concluído a faculdade, não contribuiu para que eu soubesse o que fazer, muito menos para que eu encontrasse o meu propósito.

Então, fui duas vezes para a reabilitação, e a minha vida começou a mudar. Após alguns anos focando em me manter sóbria e ter uma alimentação saudável, tive uma epifania. Eu não apenas comecei a prosperar, mas também estava fascinada por aquilo que salvou minha vida. Estava determinada a ajudar os outros como eu mesma fui ajudada durante minhas lutas contra o vício. Voltei à escola, ralei muito e consegui fazer minha pós-graduação em aconselhamento de saúde mental. Isso se encaixou perfeitamente, pois pude continuar com minha própria exploração pessoal sobre como funcionamos, por que somos como somos e como nos livramos dos comportamentos destrutivos. Para ganhar experiência, passei alguns anos trabalhando como voluntária e, em seguida, fiz residência em clínicas de reabilitação para viciados. Mais tarde, consegui o meu primeiro emprego como conselheira e, por fim, me senti nos trilhos, encaixada, vivendo com um propósito!

Alguns anos depois, uma notícia inesperada: o centro de tratamento em que eu trabalhava estava fechando as portas. Todos estavam sendo demitidos. "E agora?", eu me perguntava. Tudo parecia tão certo, encaminhado, mas lá estava eu mais uma vez em uma encruzilhada, sendo obrigada a pensar no que fazer a seguir. Pensei que estava no caminho certo, mas aos poucos estava enfrentando a realidade, depois de anos vendo as pessoas lutarem e retornarem aos vícios. Eu estava profundamente esgotada. Embora amasse meu trabalho, por anos ouvindo as histórias trágicas das pessoas, eu havia chegado ao limite.

Quando fui entrevistada para trabalhos semelhantes, uma sensação de cansaço tomou conta de mim.

O que eu poderia fazer? Percebi que havia chegado o momento de escolher novamente.

Tentei outras profissões para ver se me encaixava. Imobiliária? Não, não era bem isso. Massagem terapêutica? Perto. Proprietária de butique? Nem tanto. Mesmo enquanto eu vagava, continuei meus estudos na área de desenvolvimento pessoal. Participei de cursos de treinamento, *workshops*, palestras. Ajudei as pessoas em seu caminho rumo ao autoconhecimento, ainda que eu mesma não soubesse o que queria ser. Eis que um dia uma amiga me recomendou o livro *Os princípios do sucesso*, de Jack Canfield. Eu o li avidamente e, pela primeira vez, fiz um exercício exaustivo a fim de desenvolver uma visão sobre a minha vida.

A partir disso, percebi que meus muitos trabalhos e experiências de vida ajudaram a formar aquilo que eu havia me tornado e que eu sou muito mais que o meu trabalho. Vi que não havia nada de errado em ser um "pau para toda obra", que era a minha velha tendência a procurar fora de mim as respostas e esperar que minha vida, por fim, começasse.

Aceitei que o meu propósito era uma evolução *versus* uma chegada.

Para refletir

Você está procurando pelo seu propósito?

O propósito sempre significa "trabalho" ou "carreira"? O que mais poderia ser?

Onde você acha que ele está?

Quais palavras/conceitos parecem importantes quando você pensa sobre o seu propósito ou por que você está aqui?

Que valores são importantes para você? O que eles têm a ver com o seu propósito?

Como o seu passado lhe preparou para o trabalho que você faz hoje?

Você tem passatempos, atividades ou obsessões secretas que naturalmente exigem a sua atenção? Existe alguma coisa nessa atividade ou nesse prazer que pode ter algo a ver com o seu propósito?

Enquanto eu lutava contra o meu próprio senso de propósito – tendo em vista minha exaustão – e avaliava onde estive e para onde vou, em uma entrevista com Judy, uma empresária bem-sucedida de 40 e poucos anos, ela me disse estas sábias palavras:

Durante todo o ensino médio, meus pais enfiaram na minha cabeça que eu precisava ter uma vida estável.

Entre os 20 e os 30 anos, foi exatamente o que eu fiz.

Eu vendia seguros, ganhava bem – e vivia entediada. No entanto, eu pensava que aquilo era o que eu deveria fazer. Foi então que, aos 36 anos, tive um grande problema de saúde que abalou minhas estruturas. Afastada do trabalho por três meses, com o meu emprego em risco, consultei a minha alma. Depois de me restabelecer, aceitei uma posição diferente na minha antiga empresa. Eu pensava que tudo ficaria mais claro para mim depois da minha experiência de quase morte, mas continuei confusa. Um dia, durante um almoço, uma velha amiga me contou sobre a abertura de uma empresa que se alinhava com a experiência que tive durante um estágio de verão na faculdade. Resgatei os meus textos antigos da época, avaliei minha experiência de vida e dei um salto de fé, abandonando meu trabalho e indo trabalhar naquela start-up.

Seria bom se eu pudesse dizer que tudo se encaixou depois daquilo. Adivinha? Eu odiei o novo trabalho!

Mas algo milagroso aconteceu: eu quebrei a rotina. Decidi voltar para a escola e, depois de ganhar alguma experiência (e muita confiança), abri a minha própria consultoria. Basicamente, eu projetei a minha carreira com base em meus pontos fortes, meus contatos e minhas paixões – não escolhi o que parecia estável. Eu não encarei os caminhos que havia escolhido até então como falhas; pelo contrário, percebo como cada uma das minhas experiências profissionais me deu valiosos conhecimentos e habilidades. Percebi que, conforme eu mudo, minha carreira também muda. Não sei exatamente com quem eu estava me comparando todos esses anos e por que que eu achava que as coisas tinham de seguir aquele padrão irreal. De qualquer maneira, eu nunca conseguiria estar à altura daquele padrão. Minha carreira e meu propósito são como uma entidade viva. Eles crescem, mudam, se expandem. Finalmente estou permitindo que as coisas novas simplesmente surjam em vez de forçá-las. E eu estou aberta para o que parece ser o certo em meu coração, em vez de esperar por um sentimento estável de propósito.

Com a mensagem de Judy passando novamente em minha cabeça, mais uma vez afrouxei o controle sobre o meu propósito, soltei um suspiro profundo e me abri.

Para refletir

Como o seu propósito evoluiu ao longo do tempo? Quais são os principais eventos que alteraram o seu caminho? Quais escolhas você já fez? O que você aprendeu em troca? Onde você precisa flexibilizar o seu controle?

O que você sabe agora sobre o seu caminho ou o seu propósito que você não sabia há um ano atrás? Cinco anos atrás? Sobre o que você está mais animado para descobrir no futuro?

Tudo que você já fez o levou até onde você está agora; tudo o que está à frente é uma oportunidade. Nada é desperdiçado. Tudo faz parte de quem você é e de quem você pode se tornar. Experiências – agradáveis ou não – fornecem os ingredientes que aperfeiçoam suas habilidades e lhe tornam especial. É a sua oferta exclusiva para o mundo.

Agora, todos os dias, quando me sento para trabalhar neste livro, sinto uma urgência em torno da fragilidade da vida, de tudo por que temos carinho, de como a vida pode mudar de rumo de uma hora para outra. Enquanto reavalio o rumo que vinha seguindo e me livro do supérfluo, continuo escrevendo. É estranho isto: eu escrevo para vocês e, ao mesmo tempo, continuo trabalhando para mim mesma. Em essência, estou nos convidando para voltar à paz, apesar de reconhecer que às vezes nos sentiremos chateados, ansiosos e frustrados.

Quando nos permitimos contemplar a vida, nossas habilidades, nossas experiências, nossas fantasias e aquele desejo que fica nos cutucando, encontramos o nosso propósito. A má notícia? Isso não significa que o seu propósito vai desaparecer, só que você nem sempre vai saber como chegar até ele. A boa notícia? Esse chamado ao seu propósito não vai desaparecer; então, eventualmente, você vai reagir de alguma maneira. A única questão que permanece é: por quanto tempo você vai esperar e de que modo você vai responder ao chamado quando ele chegar?

10

Uma vítima do sucesso

Sucesso é a habilidade de ir de fracasso em fracasso sem perder o entusiasmo.
(Winston Churchill)

No dia anterior à minha primeira viagem de negócios após o incêndio, acordei esgotada e me perguntando que diabos eu estava fazendo. Por que estava viajando, deixando meus cães, participando de um seminário de negócios, tentando me vestir bem com o que sobrou do meu guarda-roupa? Sentindo-me fora de ordem durante grande parte do dia, saí para tirar o lixo e parei para conversar com um vizinho. Eis que recebo uma mensagem em meu telefone: "Onde você está? Estamos ao vivo no ar esperando por você!".

Eu tinha uma entrevista agendada para falar sobre o meu programa de rádio e como ele contribuiu para a minha missão na vida. Mas isso era no final da tarde – pelo menos foi o que pensei!

Liguei imediatamente. Eles foram ao ar com outros participantes, esperando que eu aparecesse. Eu perdi a hora – a entrevista já havia acabado!

Vendo o meu espiral de autoflagelação se aproximar, me desculpei da melhor maneira que pude. Michele, minha colega, uma pessoa generosa e extremamente profissional, se ofereceu para fazer a entrevista, apesar de todos os participantes já terem desligado. Concordei, agradeci e pedi alguns instantes para ir a algum lugar onde o sinal do celular estivesse bom. Aqueles sete minutos foram muito longos, e eu passei o caminho me criticando. Como eu pude ter cometido um erro daqueles? A entrevista estava agendada já havia um bom tempo... Como eu me confundi com o tempo? A nuvem negra da condenação ameaçou me derrubar.

Depois do incêndio, tudo o que tenho sou eu, minha reputação, minha palavra, meus relacionamentos, e lá estava eu, prejudicando seriamente tudo isso. Será que eu conseguiria me recuperar a tempo? Como eu pude desapontar todas aquelas pessoas? Todo o trabalho árduo de Michele, os outros professores da entrevista, o público paciente que foi para aprender mais sobre a sua própria autoexpressão.

"Arrrgggghhhhh!", foi o grito não tão silencioso na minha cabeça enquanto eu dirigia rumo à redenção – ou possivelmente à aniquilação. Se eu saísse de meu mergulho autopunitivo, seria para me agarrar a esse momento de impacto.

Quando as pessoas são generosas, milagres podem acontecer. Michele aceitou as minhas desculpas e estava pronta para começar. Eu me restabeleci, e o ocorrido acabou se tornando um aprendizado. A entrevista foi excelente, e ficou claro para nós que ela não poderia deixar de acontecer. *Essas coisas acontecem.* Não queremos que se passem conosco ou que sejamos os responsáveis por elas, mas acontecem. Como estávamos falando sobre rádio, foi a deixa perfeita para tratar de como lidar com imprevistos e incidentes quando você está ao vivo. A entrevista foi linda, e Michele foi adorável. E eu apareci, de uma maneira profunda, quero dizer. O que eu conheço de mim mesma, emergindo do medo e do nevoeiro de querer desistir. Eu vi acontecer, senti a esfoliação enquanto me arrastei da minha caverna de terra para encarar o sol.

Uma das maiores forças da humanidade é a resiliência – a capacidade de adaptação a condições variadas, de superar contratempos e continuar a crescer. Mesmo quando duvidamos disso, cada um de nós tem essa capacidade; é a nossa resistência que nos ajuda a superar períodos turbulentos. Se nos prendermos apenas àquilo que é seguro, se não nos arriscarmos, perdemos a oportunidade de cometer os erros necessários, aqueles que constituem a base para que obtenhamos sucesso – *independentemente do que sucesso significa para você.*

E a verdadeira questão não é se vamos ou não falhar, mas quão rápido podemos nos reerguer depois de uma queda. E se, como Winston

Churchill sugeriu, nós realmente pudéssemos nos levantar várias vezes sem perder o entusiasmo para a próxima tentativa? Isso não significaria que a noção de "fracasso" deixou de ser tão pesada para se tornar algo que acontece vez ou outra? Como uma sociedade, permitimos que medidas externas definam o sucesso. Nosso *status* social e econômico, o carro que dirigimos, a casa em que vivemos, o nosso título do trabalho e a qualidade do papel do nosso cartão de visita oferecem uma falsa sensação de importância. Pensamos em sucesso como o auge, um destino ao qual esperamos chegar. E, uma vez lá, esperamos permanecer. Esperamos nunca atrapalhar nem comprometer nossa chegada. Eis a armadilha: essa noção de sucesso é baseada em uma série de ideias de outras pessoas, as quais acabamos assumindo também para nós. E quem exatamente cria essas "outras pessoas"? Nós. Todos nós, como membros da sociedade, entramos em um acordo secreto sobre o que é o ou não o sucesso.

Em nosso caminho para alcançá-lo, muitos de nós percebemos que falhamos antes mesmo de começar. Às vezes, acreditamos ser mais fácil admitir para nós mesmos que não tivemos sucesso simplesmente porque não tentamos. Isso acontece porque não gostamos de pensar que tentamos o nosso melhor mas não deu certo. Isso nos mantém seguros, protege o nosso ego frágil.

Durante muito tempo, eu não defini metas, porque eu *sabia* que fracassaria. Ao longo dos anos, já quebrei muitas das promessas que fiz a mim mesma. Eu ia mal em uma prova e prometia a mim mesma que estudaria da próxima vez. Eu comia muito, forçava o vômito e prometia parar. Durante o meu vício, eu era incapaz de manter minhas promessas. Um dia de cada vez, já na fase de recuperação, aprendi a confiar em mim mesma para fazer o que disse que faria.

Para refletir

Para você, qual é o significado de sucesso?

Segundo a sua visão sobre o sucesso, quais seriam as palavras ou os conceitos mais importantes?

O seu conceito de sucesso contém ideias de outras pessoas sobre o assunto? Você seria capaz de abrir mão delas? O que isso significaria para você?

De que outra maneira você definiria o sucesso?

Minha cunhada é maratonista, mas, quando mais jovem, ela treinou para ser dançarina. Ela era forte e tinha uma boa forma, mas não era rápida. Houve uma época, muito, muito tempo atrás, em que eu a superava na corrida. Nunca mais poderei fazer isso. Eu parei de correr, e ela me ultrapassou há muito tempo. Sua primeira maratona foi em 2009, e agora ela treina na chuva, na neve, no granizo e em temperaturas bem abaixo de zero, pois ela mora nos confins de Wyoming com meu irmão e dois sobrinhos. Patricia já correu maratonas em diferentes lugares do país e sempre termina em uma boa colocação. Ela machucou o joelho no ano passado e voltou a treinar assim que pôde (provavelmente, um pouco antes de os médicos permitirem). Seu próximo desafio? Uma corrida de trilha de 160 quilômetros. Sim, é isso mesmo o que você leu: 160 quilômetros. De uma vez. Nossa! Isso eu não consigo nem imaginar.

Ontem ela me enviou por e-mail algumas fotos promocionais que estão mais do que incríveis. Sua barriga malhada aparecendo sob o top. Cenas de ação com ela pulando de alegria no trampolim dos meninos, correndo ou simplesmente sentada na varanda, sempre naturalmente linda. Estou muito orgulhosa dela. Quando essa mulher põe na cabeça que quer algo, ela consegue, sem mas nem meio mas. Isso signfca que ela nunca transpira no meio da noite, perguntando-se se está delirando, indo em busca desse último sonho? Acho que até mesmo o abdome de ferro da Patricia tem seus momentos sombrios de sérias dúvidas.

A diferença é que ela não espera que a dúvida vá embora. Ela não espera "ter clareza" sobre como vai lidar com esse próximo desafio. Ela sabe que ela quer correr e ela corre, e não há espera para o sucesso.

Todos sabemos o quão difícil é seguir em frente com um objetivo fora do comum. Independentemente de nossa meta ou nossa aspiração, a maioria de nós tende a se agitar e afligir quando está diante de algo que vai além da nossa compreensão e quando arriscamos em vez de esperar.

Se não tentarmos, estaremos nos sabotando. Não nos permitimos viver as lições nem as experiências necessárias para obter sucesso. O que precisa acontecer para que percebamos e aceitemos que o fracasso é apenas parte da nossa jornada e um componente necessário para o sucesso? Embora o fracasso possa significar algo (talvez apenas que precisamos de um pouco mais de prática e experiência nessa área da vida), isso não quer dizer que algo deu errado, que estamos fazendo algo errado ou que somos "errados" e que não há esperança alguma.

Para refletir

Como você descreveria sua relação com o fracasso? Em seu entendimento, o que é o fracasso? Você tende a tratá-lo como algo temporário, que requer um ajuste, ou como algo permanente, que representa algo ruim sobre você ou outras pessoas?

Em que áreas da sua vida você está propenso a levar o seu fracasso mais a sério?

Quando você falha, o que você faz em seguida? Você costuma tentar mais ou você tira o pé do acelerador um pouco (nenhuma dessas estratégias é certa ou errada)?

Em termos de resiliência, que estratégias ou ideias tendem a ajudá-lo a se recuperar de um fracasso? Que ideias tendem a mantê-lo preso?

Eu não gostei de como me senti com aquela confusão do horário da entrevista. Eu não gosto de cometer erros – e geralmente nem os entendo como parte do meu caminho para o sucesso. A citação de Winston Churchill sobre o sucesso é uma das melhores que já vi, mas eu a deixaria assim: "O sucesso é a habilidade de ir de fracasso a fracasso *com apenas perdas temporárias de entusiasmo*".

De vez em quando, eu perco o meu entusiasmo e me esqueço do que é importante ou não. Eu esqueço que o meu valor não é medido pelos outros, que amo o que faço quando me esforço para fazê-lo. E, então, eu me lembro novamente.

Qual é a resposta para o sucesso? Permitir a nós mesmo a liberdade. A liberdade de ser e fazer. A liberdade de experimentar, falhar e vencer. A liberdade de levar uma vida plena de aventuras e descobertas. É viver intensamente.

Agora, sucesso para mim é escrever uma frase muito boa, olhar dentro dos olhos azuis do meu marido ou fazer carinho na cabeça dos meus cães. O cobertor que resgatei do fogo, travesseiros de pena, boas meias. As recompensas são o meu computador, uma conexão de internet rápida, um bom livro, uma longa soneca e tranquilos passeios na floresta, onde ainda existem algumas árvores verdes com folhas que balançam ao vento.

11

Esperando
o navio atracar

*O dinheiro é apenas uma ferramenta. Ele o levará aonde você
quiser, mas não vai substituí-lo como motorista.*

(AYN RAND)

Semanalmente eu converso ao telefone com um grupo de mulheres muito legais. Nós falamos sobre dinheiro, indo além de reflexões simplistas e subjetivas. Celebramos os aspectos espirituais da abundância, mas também fazemos algo muito mais inquietante. Nós entramos com tudo no mundo da realidade objetiva e tratamos da nossa relação com o dinheiro. Falamos sobre desejar *versus* querer, sobre o compromisso com os nossos sonhos e a nossa visão da vida, a nossa relação confusa com o dinheiro, o que aprendemos com nossos pais, cultura, sociedade, religião, política, ou seja, todas as possíveis abrangências desse tópico, que nunca se esgota – nunca ficamos sem assunto quando falamos dele e, muitas vezes, é confrontante!

Em uma conversa recente, exploramos nossas crenças secretas sobre dinheiro. Nós nos permitimos responder escancaradamente à pergunta: "Qual é o real significado do dinheiro para você, não o que você acha que ele deve significar?". A variedade de respostas foi esclarecedora:

Liberdade
Perigo
Sucesso
Satisfação
Fardo
Culpa
Excitação
Amor
Segurança
Felicidade

Continuamos explorando as mensagens que ouvimos e (às vezes) nos questionamos a respeito de dinheiro. De novo, as respostas foram generalizadas:

Gaste com sabedoria.
Mime-se, pois ninguém mais vai fazer isso!
Gaste tudo enquanto pode.
O dinheiro é assustador.
Abundância está em toda parte.
Seja um milionário, mas não se pareça com um.
Dívidas são terríveis.
Invista no seu crescimento.
Não seja ganancioso.
É falta de educação falar de dinheiro.

Sem dúvida, mais do que qualquer outro, dinheiro é o assunto mais polêmico.

Para refletir

Pense rapidamente sobre o significado do dinheiro para você. Não se censure e escreva as palavras que vêm à sua cabeça neste momento.

Pense também no oposto: o que *você* significa para o dinheiro? Muitas pessoas sentem inferioridade em relação ao dinheiro, isto é, elas sentem que, no final, o dinheiro é o chefe, e é um chefe que nunca entenderá nem agradará, e sua vida é, portanto, insignificante à sua sombra. O que vem à sua cabeça quando você reflete sobre essa questão?

Você não vai ficar surpreso ao saber que a perda de "tudo" (ou quase tudo) em um incêndio oferece preciosas oportunidades para você reexaminar sua relação cotidiana com o dinheiro. Como o dinheiro é uma das áreas mais potentes e poderosas para nos manter esperando, orando e – não me orgulho disso, mas sejamos honestos – lamentando, espero que a minha história ajude a lançar alguma luz sobre a sua consciência a respeito de dinheiro.

Eu fui consumista a minha vida toda, embora em um nível um pouco menor desde que amadureci – meu armário cheio de roupas, sapatos e joias desapareceu em uma nuvem de fumaça, por assim dizer. Ir às compras por divertimento é uma coisa, mas ir às compras porque você não tem um par de meias sequer é outra. Agora, com seis pares de meias e uma quantidade menor de roupas, eu percebi que não gostaria mais de ter novamente prateleiras, gavetas e cabides cheios de roupa. Uma vez que o fogo varreu a maior parte do que costumava ser o meu fabuloso guarda-roupa, percebi mais profundamente que todas aquelas escolhas não necessariamente me fizeram um pouco mais feliz.

É claro que eu ainda tenho minhas coisas favoritas e que lamento por ter perdido algumas delas, como as botas de inverno que me mantiveram aquecida durante os dias de neve e pelas quais eu sempre recebia elogios – e eu não posso comprá-las novamente, porque a fabricante fechou! Tenho muitas saudades daqueles botas! Por outro lado, é reconfortante saber que hoje, se precisasse, eu poderia juntar todas as minhas roupas em 15 minutos. E, de todo modo, não é sempre que precisamos usar roupas de montaria, não é mesmo?

Mas chega de falar sobre roupas. Você provavelmente não se surpreenderá ao saber que os primeiros dias após o incêndio nos reservavam algumas perturbações financeiras. Na minha primeira ida ao banco, carregando o valioso cheque de reembolso da companhia de seguros, o qual simbolizava nossa preciosa casa perdida, estava prestes a ter uma surpresa desagradável. Entrei no banco feliz por ter finalmente recebido aquele cheque e porque teria um tempo para respirar financeiramente mas o banco tinha outras ideias. Mesmo pagando a hipoteca da casa que já não mais existia, a política do banco era manter todo o dinheiro e distribuí-lo em metas predeterminadas ao longo do tempo. Para colocar o dedo na ferida, isso estava convenientemente ligado a outros montantes que foram considerados em conjunto com aquele grande cheque – e dos quais precisávamos para viver.

Naquele momento, o medo tomou conta de mim, e eu estava muito mais que furiosa. O funcionário do banco que era o infeliz portador das más notícias olhou para mim gentilmente. As lágrimas acabavam com qualquer possibilidade de pensar. Saí correndo de lá e liguei para o meu marido.

A perda total de uma casa é um baque financeiro devastador para a maioria das pessoas; é muito diferente de ter uma propriedade nas montanhas ou qualquer coisa com área plantada. Há uma pequena cobertura por danos à terra e nenhuma cobertura para os bens perdidos. Uma floresta cheia de destroços queimados foi o que permaneceu do que fora um dia nosso magnífico lar.

Portanto, sim, eu estava perturbada. A falta de controle sobre o nosso dinheiro trouxe meus medos à tona. Eu me sentia impotente e desesperada quanto ao futuro, como no dia em que fugi de casa. Todo o trabalho, os cursos que eu havia feito, os livros que eu havia lido, os anos passados falando com o meu grupo de apoio foram pelos ares. Fui tomada pelo pavor. "Estamos arruinados", pensei. "Se tivéssemos feito uma poupança, se não tivéssemos dívida, se eu ganhasse mais, se..."

Quando você está passando por um medo tão perturbador, é difícil lembrar-se de respirar, mas felizmente o corpo assume o controle e a respiração volta ao normal. Depois de chorar bastante, lenta, mas seguramente, o medo vai diminuindo. Com a ajuda do meu marido e dos meus amigos, eu me lembrei de dar um passo de cada vez. O que parecia devastador naquele momento poderia não ser tão horrível quanto eu pensava. Nós não iríamos morrer de fome, nós não estávamos indo para a rua. Ficaríamos bem.

Se você parar para pensar na maneira como lida com dinheiro, vai se surpreender ao se dar conta de que é igual desde que você era jovem, que você herdou costumes de sua família e amigos.

Durante grande parte da minha adolescência, dinheiro significava aceitação e uma espécie de acesso para eu me sentir pertencendo. Após o divórcio dos meus pais, mudei de casas muitas vezes, vira e mexe tendo de trocar de escola e fazer novas amizades. Quando retornei à Flórida para morar com a minha mãe e terminar o segundo e o terceiro anos do ensino médio, frequentei uma escola particular que prometia me preparar para a faculdade. Eu só conseguia pensar em usar as roupas certas. Com determinação, passei uma tarde inteira experimentando peças diferentes. Tinha certeza de que havia encontrado – uma calça de sarja com listras azuis claras, uma camisa branca e um lindo par de sandálias plataforma bege. Parei no estacionamento com meu Chevette branco brilhante muito orgulhosa.

Minha primeira olhada pelo campus incluiu fileiras de BMWs, Mercedes e Cadillacs. De longe, tudo era perfeitamente bem cuidado, a grama, uma fonte e uma torre com o sino. Aquilo era a minha nova escola ou um clube de elite? Enquanto eu caminhava em direção aos prédios, líderes de torcida que estavam conversando viraram-se e começaram a rir. Mais tarde, eu entendi o porquê – sapatos bregas.

Infelizmente, aquela não foi a primeira vez que "errei" nas roupas quando mudei de escola. Convenci-me de que, se eu pudesse comprar as roupas *certas*, tudo iria finalmente ficar no lugar, então, eu implorava à minha mãe para me dar o cartão de crédito e passava horas no shopping escolhendo roupas novas. Esse comportamento fez parte de mim até a idade adulta. O cartão de crédito tornou-se a resposta. Reservar roupas – o que isso significa? Eu não podia esperar, eu precisava naquele momento! Eu dizia a mim mesma que merecia aquilo enquanto entrava em casa com as minhas sacolas de compras escondidas.

Nunca aprendi o valor de ganhar o dinheiro para comprar o que eu queria. Comprava roupas que eu nunca usava. Tornei-me um poço sem fundo, uma compradora compulsiva, que queria as coisas mais finas da vida, mas não acreditava que poderia ganhar o dinheiro para pagar por elas. Queria ganhar na loteria, não acreditando que eu poderia conquistar com meu próprio trabalho. Vivi a fantasia de que o dinheiro apareceria por sorte, portanto, eu não tinha de ser responsável. Durante a reabilitação, precebi que aquele comportamento estava enraizado na minha profunda falta de autoestima. Somente com uma intervenção deliberada e consciente eu mudaria minhas crenças e ações enraizadas.

Nossas necessidades básicas, na verdade, são muito simples: ar, alimentos, água e um teto. Podemos categorizar qualquer outra coisa como um "querer". Infelizmente, nossos desejos podem se tornar um poço sem fundo e podem nos fazer satisfazê-los desenfreadamente. Gênios da mídia e da publicidade mexem com nossas inseguranças. "Sentindo-se vazio por dentro? Compre isso, faça essa viagem, você vai se sentir melhor. Tente alguma terapia alternativa, e você será feliz."

Muitas pessoas ainda acreditam que "aquele que morre com mais brinquedos ganha". Podemos fingir que não acreditamos mais nisso, pensando: "Oh, isso é tão dos anos 1980", mas no fundo ainda esperamos pelo nosso próximo objeto de desejo. Queremos tudo *agora* – o mais novo telefone celular, o menor notebook. Sem espera aqui! Queremos satisfação instantânea – queremos o que queremos quando queremos.

Alguns anos atrás, em uma viagem a Los Angeles, tive o prazer de ser apresentada ao mundo da Jimmy Choo. O guarda-roupa da minha amiga era o céu, com fileiras de sapatos muito bem trabalhados, incrivelmente lindos. (Você se lembra do meu problema com sapatos na faculdade?) De repente, o meu par de sandálias favorito já não era o suficiente. Eu precisava ter sapatos da Jimmy Choo! Mas o meu orçamento não era compatível com aquele desejo. Ideias giravam em minha cabeça: como poderia eu obtê-los? Será que eu tinha saldo suficiente no cartão de crédito? Será que o meu marido iria notar? O padrão de pensamento parecia muito familiar: começava como um querer, tornava-se um desejo e, em seguida, virava uma obsessão disfarçada de necessidade. Eu não sossegaria enquanto não conseguisse o que queria. E eu seguia o meu caminho para a loteria imaginária.

Para refletir

Você se deixa querer? Quando esse querer se transforma em uma espera pela "loteria imaginária"?
Qual mudança financeira você tem esperado para obter o que você quer e ser quem você quer ser?

Nós pagamos um preço pela ignorância – não apenas em dinheiro, mas também em autoestima. Minha amiga Joan compartilhou sua história:

Eu vim de uma família de classe média baixa. Meus pais trabalhavam duro e faziam o melhor que podiam por nós. Todos os dias, depois da escola, eu trabalhava como babá para os vizinhos e ganhava um dinheiro extra para minha família. A escola em que estudei tinha muitas crianças ricas, algumas das quais eram minhas amigas, e eu não queria que elas fossem à minha casa. A casa delas era muito mais divertida. Eu dividia o quarto com a minha irmã, enquanto muitas das minhas amigos tinham suítes do tamanho da minha casa inteira. Nadávamos na piscina, comíamos comidas requintadas e jogávamos críquete no gramado. Brincávamos de nos vestir durante horas, perdidas nos grandes armários da mãe delas, experimentando roupas. Muitas das minhas amigas eram generosas e me deixavam levar para casa roupas que elas não usavam mais.
Comecei a ficar incomodada com o fato de minha família não poder viver assim, não parecia justo. Jurei que seria como as minhas amigas. Sendo uma boa aluna a qualquer custo, me superei na escola, fui a melhor da classe e fui para a faculdade de Direito com empréstimos e uma bolsa de estudos. Depois de me formar e conseguir um emprego (com a ajuda dos pais da minha melhor amiga) em um ótimo escritório de advocacia, comecei a ganhar por mês mais do que o meu pai ganhava em um ano.
Comprei uma cobertura, usava as melhores roupas e comia nos restaurantes mais finos. Mas eu não estava feliz. Então, comprei um apartamento mais luxoso, um novo carro, fiz uma viagem para o Caribe, e ainda não estava feliz.
Finalmente, me dei conta de que o dinheiro não me faria feliz! Percebi que eu tinha vergonha do modo como cresci e dos meus pais trabalhadores.

Estava fazendo tudo errado – minha família, meus amigos, eu mesma e, acima de tudo, o próprio dinheiro. Assim eu jamais seria feliz. Depois dessa tomada de consciência e de pedir desculpas à minha família, percebi que eu poderia ganhar dinheiro, mas não ser conduzida por ele. Percebi que não havia nada de errado com o dinheiro, o que precisava ser mudado era a minha atitude em relação a ele.

Mudar velhos hábitos não é fácil. Não agi por impulso naquele dia em Los Angeles. No entanto, continuei querendo aqueles sapatos da Jimmy Choo. Nesse caso, a espera valeu a pena. Para comemorar a conclusão do meu primeiro livro, um grupo de amigas se juntou e comprou o meu primeiro par. Os sapatos me completaram? Não. Mas senti prazer em usá-los? Pode apostar que sim!

E, naquele momento louco em que tive de escolher que itens preciosos salvar do fogo, peguei aqueles sapatos – depois de pegar meus animais – e os joguei no carro antes de sair da minha casa pela última vez.

Para refletir

Quais são os seus princípios sobre dinheiro?

De que maneira a espera para examinar sua realidade monetária o mantém estagnado e sem liberdade?

Qual é a sua realidade financeira? Quanto você tem no banco? Você tem muitas dívidas? Sim, isso pode ser perturbador. Mas lembre-se de que estamos falando de *não esperar*. Você não tem de fazer nada com esses números agora. Basta olhar.

Que palavras vêm à sua cabeça quando você pensa em dinheiro? Faça uma lista com todas elas (reveja o início deste capítulo) e, depois, divida-as em "promissoras" e "confusas". Pense na maneira como você lida com dinheiro e também no que você acredita sobre outras pessoas que têm mais ou menos que você.

Como se já não fosse bastante difícil que nosso dinheiro (ou, pelo menos, nossa casa e nossos bens) parecesse queimar e evaporar – quase tão rápido quanto nossa casa naquela primavera, um desafio ainda maior apareceu. Há o dinheiro saindo – e depois há o dinheiro (e amor, e presentes, e ajuda) que veio para nós em forma de doação. O que faríamos com tamanha generosidade? Como poderíamos confrontar os sentimentos despertados por esse tipo de fartura?

Desde o incêndio, os nossos amigos (e até mesmo estranhos) têm nos enviado dinheiro. Isso foi difícil no início. As pessoas continuavam perguntando se poderiam nos ajudar financeiramente. No início, recusamos. Em seguida, vimos uma pilha de escombros que uma vez foi a nossa casa, lemos a apólice do nosso seguro e percebemos suas limitações; com isso, acabamos aceitando.

Recebemos uma doce doação de cinco dólares de alguém cujo nome não reconhecemos e não conseguíamos pronunciar. Colegas de escola com quem não nos falávamos havia séculos nos enviaram quantias. Um colega de trabalho de David doou. Tanto um novo amigo quanto um velho amigo doaram valores de cair o queixo. Não tínhamos certeza de como lidar com essa abundância e essa generosidade. Um dia, um amigo particularmente sábio advertiu: "Cale a boca e diga 'obrigado'! O que vai volta. Você faria a mesma coisa". Segui o sábio conselho. Fechei minha boca e continuei dizendo *sim*.

Na vida, a vontade de doar deve estar em equilíbrio com a disposição para receber.

Receber, no entanto, é um grande desafio. Quando me lembro das quantias que mandaram, estremeço um pouco. Em nossa sociedade tão polida, não é de bom tom falar sobre dinheiro. Por que somos tão fechados quanto a isso? Se pudéssemos ler os pensamentos dos outros, perceberíamos que todo mundo fica sem jeito em falar sobre finanças. Minha experiência inesperada com o incêndio alterou tudo. Estou desistindo de ser "adequada" com relação a dinheiro e a outras coisas. Não faria sentido se eu deixasse o fogo queimar minhas velhas crenças limitadoras?

Para refletir

O que você pensa sobre doação? Para você, é mais fácil dar do que receber? Se sim, por quê? Se não, por que não? O que você poderia fazer para expandir sua capacidade de dar ou receber (ou ganhar, ou herdar, ou quaisquer outros desejos que você considera importantes)?

David e eu prometemos permitir que essa tragédia nos lembrasse de como a vida é preciosa e quão rapidamente ela pode mudar. Em cada grande mudança de nossa vida juntos, redefinimos nosso curso; agora nossas crenças sobre dinheiro mudaram também. Eu vejo isso como um processo contínuo. Comportamentos antigos podem demorar para mudar. À época da reabilitação, percebi que um armário cheio de sapatos e roupas não me ajudaria em nada, mas alguns resquícios daquele antigo mecanismo de enfrentamento ficaram na minha psique durante anos. Perder todas aquelas roupas fabulosas me deixou metaforicamente nua, e eu fui forçada a ver o que restou.

Como Billy Idol, um dos meus roqueiros favoritos dos anos 1980, disse: "O dinheiro não importa; ter, não ter. Ou roupas, ter ou não ter. No fim das contas, é só você".

Concordo plenamente, Billy.

12

Encontrando o verdadeiro norte

Um homem viaja o mundo à procura do que ele precisa e volta para casa para encontrar.

(George Augustus Moore)

Agora que já falamos sobre dinheiro, é hora de focar nossa atenção em outro aspecto que tem um imenso efeito sobre a nossa felicidade. Precisamos dar outra olhada naquilo que chamamos de lar.

Após o incêndio, lar tem sido muitas coisas e muitos lugares para mim e para o meu marido: um trailer Airstream de 1967, muitos quartos de hotel, alguns porões de amigos queridos e, finalmente, uma nova casa em um bairro novo, ainda nas montanhas, mas perto o suficiente de um corpo de bombeiros para que eu possa dormir à noite.

Mas, ah, antes do incêndio. Essa é outra história. Deixe-me contar sobre o meu "lar".

Antes do incêndio, meu lar era uma pequena casa situada na lateral de uma montanha com vista para o infinito. Na manhã do incêndio, sentei-me para tomar café na minha poltrona favorita com estampa de leopardo, perto da janela, um cão de 40 quilos enrolado do meu lado, e o outro, aos meus pés. Contemplei a vista. "Ah", pensei, "viver na nossa casa dos sonhos, nosso pequeno paraíso, um refúgio bem ao lado das montanhas. Como somos sortudos!".

Lembro-me de quando encontramos a nossa casa. O anúncio no jornal parecia bom demais para ser verdade: 37 hectares, com dois quartos, um banheiro, vistas maravilhosas e um ótimo bônus: tudo funcionaria apenas com energia solar. Depois de me acostumar à vida da montanha, quatro anos antes, ansiávamos por mais aventura. Enquanto caminhávamos pela propriedade pela trilha de jipe de quilômetros de extensão, passando pelos bosques de álamos cintilantes, a visão começou a surgir. A cada passo que dávamos, segurávamos um pouco mais a nossa respiração, certos de que ficaríamos desapontados. Em nossa busca pela casa dos sonhos nas montanhas, chegamos perto muitas vezes – as casas pareciam ótimas no papel, mas, quando íamos conhecê-las, não as sentíamos como *nosso* lugar. Ao dobrar a última esquina, nos entreolhamos e vimos a casa mais encantadora. Construída em meio a pinheiros altíssimos e ao lado da colina, aquele santuário dava para uma vasta extensão de cordilheiras, incluindo Pikes Peak, 96,5 quilômetros ao sul.

Sempre que eu estacionava, ficava um momento admirando aquela casa maravilhosa e suspirava aliviada. Tínhamos encontrado a casa em que viveríamos para sempre, e eu estava muito feliz.

Dois dias após o incêndio, ainda sem saber o destino do nosso lar, fui até o corpo de bombeiros. Dei meu nome e endereço, e eles me pediram para sentar em um banco que havia ali. Um investigador muito gentil veio falar comigo e disse que levaria apenas alguns minutos. Meu estômago revirava – eu esperava que eles me mandassem para casa e dissessem para eu não me preocupar.

Olhando para trás, isso me faz lembrar de uma cena do filme *Água para elefantes*, em que o personagem principal recebe a notícia de que os pais sofreram um acidente. A imagem dele andando no hospital captura um estado de espírito em particular: aquele momento em que tudo está prestes a mudar, quando a vida ainda é a mesma, mas a notícia que você não deseja receber está logo à frente. Queremos que o tempo pare e nos agarramos a momentos que desejamos manter.

Quando eu me sentei ali, esperando para ser confortada e dispensada, estudei o corredor. A porta era mantida aberta com um galão de água de vinte litros, uma única lâmpada no corredor, aparentemente fora de lugar, e eu estava em um banco de madeira encostado na parede; pessoas passavam e algumas sorriram gentilmente.

Em seguida, o investigador veio e sentou-se ao meu lado. Eu me preparei. Ele sorriu para mim suavemente e, em seguida, apontou para o meu nome e o meu endereço na "lista". Neste momento, a minha vida se alterou para sempre.

Moldamos nossas moradias, e depois as nossas moradias nos moldam.
(Winston Churchill)

Lar é onde o coração está. Lar é o que você faz. Lar é onde deitamos nossa cabeça ou penduramos nossos chapéus. Lar é apenas mais uma palavra para você. Há muitas metáforas para a nossa relação com o lar. Cantamos músicas, escrevemos poemas e criamos imagens do que ele significa para nós.

Dizer que nos tornamos "sem-teto" depois do incêndio é algo muito forte, considerando o que esse termo significa na atualidade; no entanto, também é verdade que estávamos sem um lar. Em uma entrevista de televisão ao vivo filmada onde nossa casa ficava, compartilhei meus altos e baixos, minha montanha-russa de emoções. Falei sobre a difícil tarefa de listar cada um dos nossos bens perdidos para fins de seguro, a generosidade da comunidade, a mobilização dos vizinhos, e o pavor sentido naquele dia caótico. Eu vasculhei pelos escombros e chorei quando peguei os restos dos meus tampos de granito carbonizados e eles se desfizeram em minhas mãos.

David e eu absorvemos todos os detalhes daquela casa. Nós experimentamos os momentos por completo – momentos preciosos, confortáveis, seguros e acolhedores. Eu adorava olhar para as cores das paredes, contrastando-as com outras cores. Roxo escuro em meu escritório, verde musgo no corredor. Eu amava minhas escadas de madeira, nas quais as unhas dos cães haviam riscado uma trilha familiar. Adorava correr pelos degraus até o meu quarto, ouvindo o eco que os meus pés faziam quando eu subia três degraus por vez, segurando com força naquele corrimão artesanal que uma amiga fez à mão para nós. Amava o verde-azul lavado da parede do banheiro, uma combinação única de cores que nunca conseguiríamos reproduzir com tinta de retoque. Amava o brilho dos vitrais que outros amigos carinhosamente fizeram para nós – um conjunto de lua e estrela em um céu azul. Amava as portas de madeira de celeiro feitas à mão, que David construiu meticulosamente.

Quando saí naquele dia, eu realmente não pensei que seria minha última vez lá. Fiquei desorientada quando a nuvem de fumaça e cinzas foi crescendo. Meus últimos momentos foram vagando de cômodo em cômodo, olhando cegamente para a maioria das coisas. Depois que os cães e o gato, um saco de roupas, dois quadros da minha mãe, algumas fotografias e nossos computadores estavam no carro, corri de volta para dentro e arregalei os olhos mais uma vez. No meu escritório, peguei o monitor, mas ele era grande, e eu estava atrapalhada por causa de todo o estresse. Depois de batê-lo na parede e, em seguida, no batente da porta, eu o coloquei de volta sobre a mesa e saí de casa. Voltei mais uma vez para pegar as tigelas e a comida dos cães, antes de virar as costas pela última vez. Foi surreal, uma saída apressada, decidindo em frações de segundos o que deveria levar para a próxima fase de nossa vida, sem saber que o que eu estava fazendo.

Antes do incêndio, eu tinha um pesadelo recorrente no qual vendíamos nossa casa e, por alguma razão, eu ficava bem com a situação, até que chegamos ao ponto em que não era mais possível voltar atrás e mudar de ideia. Depois, ficava totalmente fora de mim, completamente desequilibrada. Como um animal selvagem tentando escapar da jaula, eu, desesperadamente, tentava de tudo para cancelar a operação... sem sucesso. Nas manhãs seguintes, eu sempre acordava com o coração acelerado. E esse pesadelo acabou revelando-se profético.

Sempre haverá uma linha de demarcação: a vida antes do incêndio e a vida depois do incêndio. Mesmo agora, de vez em quando eu me volto ao "Eu não acredito". Eu me permito realmente não acreditar nisso. Imagino que a minha casa ainda está de pé, enxergo-a na minha frente e consigo sentir seu cheiro, sentir como era estar lá. Minha vida ainda está nos eixos, como era antes, e o meu oásis aguarda pacientemente a minha volta. Só por um momento, eu me permito. Apenas por um momento, eu quero esquecer, ou voltar ao normal. Eu quero voltar.

O apego pelo "lar" é forte e me faz chorar neste momento. Esse profundo e doloroso desejo que tenho evitado tanto. Lar. Meu desejo de ter um lar, a necessidade do meu lar, minha saudade do meu lar. Mesmo agora, no meu novo lar, eu ainda desejo o antigo.

Para refletir

Você deseja uma casa metafórica ou uma real? Você consegue conectar esse desejo por aquele "lar" com um desejo a determinado sentimento, humor ou identidade própria? Talvez uma ideia de si mesmo segura e em paz? Ou a experiência de si mesmo totalmente amado e cuidado – simbolizada por toda a cor e exuberância e amorosos presentes de amigos e familiares, e totalmente protegida dos fantasmas do mundo exterior?

Por um momento, suponha que o lar seja outra expressão do seu verdadeiro eu. Onde você experimenta o seu verdadeiro lar ou o seu verdadeiro eu? Ou espera para sofrer por um lar perdido ou por você mesmo? Ou espera para aceitar um lar perdido ou você mesmo? Minha casa continua a ser uma lembrança frágil para mim, tão frágil quanto o novo eu que surgiu desde o incêndio. Logo antes da primeira limpeza do local, eu me lembrei daquele pesadelo e senti um pânico que antes eu só sentia nos sonhos. Eu tinha bastante prática em mudar meu pensamento, meditando ou orando, cercando-me de luz, mas, naquele momento, nenhuma dessas técnicas deu certo. Um pânico profundo me envolveu, ameaçando me engolir inteira. Eu havia perdido minha casa – era o meu pesadelo se tornando realidade.

Enquanto nos preparávamos para a demolição, a única coisa que havia sobrado da nossa casa naquele momento era uma pilha de escombros. Mas ainda havia algo. Eu temia que, após os escombros serem removidos, nada mais existiria além de uma lembrança. Como o desapego de um corpo após a morte, eu estava agarrada a algo. Quando os trabalhadores chegaram, eu pensei: "Por favor, sejam muito gentis, muito cuidadosos, muito amorosos. Sussurrem enquanto trabalham, mantenham o amor no coração". Disposta a soltar essas palavras, eu calmamente disse: "Vocês farão uma cirurgia no meu coração e no que resta desse sonho. Vamos procurar artefatos para nos lembrarmos do que um dia essa casa foi. Por favor, sejam gentis". E eles foram.

Esperando pela cura...

Quando olho para trás na minha relação com casas e minhas tentativas de encontrar-me ao longo dos anos, eu me lembro da primeira vez que ouvi o termo "cura geográfica", em 1989, em uma reunião das Doze Etapas. Aquilo despertou minha atenção, pois resumia muito da minha vida até aquele momento. A cura geográfica diz respeito à ilusão de que a vida será melhor quando *chegarmos a outro lugar*. Por isso, esperamos chegar lá, em algum lugar, seja qual for, desde que não seja onde estamos agora. Nós pensamos: "Eu vou ser feliz quando escalar aquela montanha, quando fizer aquela viagem, quando o verão chegar, quando eu viver naquele tipo de casa, quando eu finalmente visitar aquele país distante". E, uma vez que chegamos a esse lugar, esperamos que o que está errado em nossa vida mude como num passe de mágica. O que esquecemos – repetidamente – é que, seja lá aonde formos, levamos nós mesmos e todas as nossas bagagens conosco.

Uma cura geográfica é o que pensamos ser a "solução" para os nossos problemas. Ao mudar a nossa localização, as coisas ao redor, estamos evitando olhar para dentro, para a fonte do nosso descontentamento. Às vezes, nossos problemas desaparecem por um tempo, mas, inevitavelmente, eles retornam quando percebemos que "nós" ainda estamos aqui. Que chatice! É verdade que certos lugares são mágicos, maravilhosos e desejáveis. Quem não se sente insignificante diante da grandiosidade do Grand Canyon? Desde que se tem registro, os sábios religiosos fazem peregrinações a majestosas montanhas em busca da comunhão com Deus. Os Estados Unidos foram fundados enquanto os pioneiros exploravam territórios desconhecidos, como o oeste do país, com esperanças, visões e sonhos de criar algo melhor, o que, naturalmente, alterou de modo drástico os conceitos de "lar" e "lugar" para as pessoas que ali já viviam, mas isso é outra história.

Por outro lado, se permitirmos, os locais nos ajudam a descobrir nosso lugar no mundo. Eles nos ajudam a crescer e aprender. Fazemos novos amigos, exploramos nossa autoexpressão e nos tornamos a pessoa que sempre desejamos ser. Mas também podemos enxergar esses lugares como mais uma coisa externa a nós, onde a resposta está, como era minha tendência.

Minha cunhada Patricia conta sua aventura geográfica:

Eu amo o lugar onde moro, mas nem sempre foi assim. Meu vale (sim, eu me sinto a dona dele de um modo fortemente ligado a todos os seus habitantes) é uma fonte de apoio e conforto para mim. Sempre que eu volto das férias, eu penso: "Uau, graças a Deus estou em casa". Essa gratidão não significa que eu tenha aversão a outros lugares, mas, sim, uma sensação de conforto de saber que eu escolhoi criar meu futuro em qualquer lugar que eu chame de casa. Eu cresci no Alasca e me sentia confinada, querendo, mais do que qualquer coisa, um dia ir embora e ser livre.

Aos 23 anos, eu finalmente saí de casa e naveguei por um ano e meio para as Bahamas. Dinheiro sendo o fator decisivo, eu aportei em Fort Lauderdale (Flórida), apenas para me ver, seis meses depois, esquiando nas pistas de Jackson Hole (Wyoming). Eu me senti ligada a Jackson, me senti em casa – um sentimento que eu nunca havia experimentado. Os Tetons se tornaram minha fortaleza, como uma fonte de inspiração maternal – constantemente mudando e se transformando, embora realmente continuasse sempre a mesma.

Acontece que, por um acaso do destino, meu namorado (agora marido) precisou voltar para a Flórida para continuar seu treinamento de voo. Eu relutei, mas acabei indo com ele, mesmo querendo desesperadamente ficar no primeiro lugar onde eu realmente me sentia em casa.

Depois de dois anos na Flórida, dois anos em Maine, dois anos em Rhode Island e dois anos no Colorado, voltei para casa, em Wyoming. Estranhamente, meus amigos estavam todos oito anos mais velhos! Sem as mudanças geográficas e as experiências, eu não seria a pessoa que sou hoje. Eu tenho mestrado, duas crianças incríveis (nascidas em estados diferentes), sobriedade e uma plenitude espiritual que fez que eu me encontrasse e completasse o círculo. Eu tive que deixar um lugar para ser capaz de voltar. Na volta, no entanto, descobri quem eu sou.

Muitas vezes, quando viajo, experimento lugares. Às vezes é tênue a linha entre aquela antiga busca pela cura geográfica e a minha curiosidade. Eu me pergunto: "Será que eu gosto mais daqui? Como seria a minha vida? Eu seria mais feliz?". Eu já cheguei ao ponto de passar o dia com um corretor de imóveis em alguns lugares. Sempre que passo por isso, percebo aspectos que escondo de mim mesma. Às vezes, descubro que desejo mudança. Às vezes eu simplesmente não quero voltar ao trabalho na segunda-feira. Às vezes, penso que um conjunto diferente de colinas resolverá tudo. Depois de todos os anos de crescimento pessoal, quando encontramos a nossa casa da montanha, eu me estabeleci como nunca havia feito antes. Parei com a necessidade de divagar e vagar. Com aquela casa perdida para o fogo, sem aquela âncora, quem sou eu agora? Eu sou a mesma? Eu sou diferente? Sou mais livre? Sou menos?

Para refletir

Qual é o significado de lar para você?

Como você perdeu a noção de lar?

Quais são os lugares onde você mais se sentiu em casa? Como as pessoas e o ambiente contribuíram para esse sentimento?

E sobre os lugares que você quis que fossem o seu lar? Que elementos são sedutores, reconfortantes, apelativos, excitantes?

Minha amiga Ellen compartilhou uma passagem que ela leu em um livro chamado *Super rich*, biografia do produtor musical de hip-hop e R&B Russell Simmons, escrita por ele e Chris Morrow. Ele conta que se sentia sufocado no Queens, bairro de Nova York onde cresceu. Ele decidiu se mudar para o Lower East Side quando o bairro tinha um preço acessível e era eclético, agitado e muito atraente. Simmons conta que vagava e admirava a diversidade e os contrastes da região – a riqueza e a pobreza; os negócios de bilhões de dólares e as ofertas de droga nos becos; os pequenos bistrôs e as galerias de arte e os judeus conversando nas ruas. Ele escreve: "A energia daquele bairro serviu como um lembrete constante de que eu fazia parte do mundo, de que as possibilidades eram infinitas, de que nada me impedia ou prendia, de que eu tinha o mundo inteiro à frente".

Essas palavras nos encorajam a mergulhar (pelo menos por um dia) em outros lugares interessantes. Independentemente se estamos dispostos a tentar isso na realidade ou apenas metaforicamente, essas experiências nos permitem explorar novas fontes de inspiração e cair menos vezes em antigas armadilhas de espera.

Eu adorava a minha santuário na montanha – e agora estou pronta para admitir que às vezes eu sinto que encontramos nosso eterno lar muito cedo. Eu sabia que nunca iria me esquecer daquela casa e ainda me perguntava como seria viver em outro lugar. Mais do que fantasias de viagens para aqueles lugares dos sonhos, quase inatingíveis, era como se casar com um primeiro amor e amar profundamente, sabendo que havia mais a ser experimentado lá fora. Agora aquela casa se foi. Será que vamos construir de novo? Ainda não temos como afirmar. Mas talvez agora possamos escolher sem ser movidos por dor, necessidade e ânsia. Talvez eu não precise ser enraizada como uma vez pensei que fosse. Talvez isso seja a liberdade. Talvez agora eu seja fluida e possa aproveitar essa força em todos os âmbitos da minha vida.

Algumas pessoas passarão a eternidade indo de um lado para o outro para evitar estar consigo mesmas.

No fim das contas, nenhuma casa, morro ou vizinhança vão nos salvar. Em algum momento, temos de parar de fugir e aprender a desfrutar da nossa própria companhia. Não importa aonde vamos, *nós* vamos junto. Por outro lado, podemos criar uma sensação de lar em qualquer lugar, e alguns cantos serão sempre especiais.

Meu santuário na montanha terá sempre um lugar especial no meu coração. Milagrosamente, depois da chuva, a grama começou a crescer no nosso terreno, trazendo um pouco de cor e vida à paisagem devastada. Talvez um dia vivamos lá novamente. Assim como nós, a terra está queimada, nervosa, crua, cansada e ferida, e a vontade de transformação é evidente. O chão coberto de fuligem escura, árvores mutiladas e rochas queimadas tornam normal a dor que ainda carregamos. Os pedaços delicados de grama verde nos lembram do poder de regeneração da natureza.

O mundo segue em frente, mas nos curamos gradualmente, assim como a terra. Não temos de apressar nosso processo. Vai levar décadas para a terra se recuperar totalmente. Quando o mundo parecer se esquecer da nossa dor, seremos consolados em saber que a terra não se esqueceu. Eventualmente, nossas cicatrizes serão curadas, e algo novo surgirá. Ainda não conseguimos saber como será, quem seremos. Vamos descobrir isso juntos. A cada estação nos transformaremos, mas a nossa beleza crua, obtida a duras penas, permanecerá como um lembrete do poder transformador do fogo.

No fim das contas, lar é onde o coração está. Lar é o que dizemos que ele é. E não tem problema lamentar a perda de um lar.

13

Esperando até que eu tenha vontade

Estou sempre absolutamente aterrorizada — e eu nunca deixei que esse terror me impedisse de fazer qualquer coisa que eu quisesse.
(Georgia O'Keefe)

Dada a vida que eu construí, sou frequentemente confrontada com a oportunidade de sair pelo mundo levando o meu desejo de fazer a diferença, falando ou conduzindo um seminário. E, na maioria das vezes, eu não quero ir. Eu resisto e me pergunto se estou preparada para a tarefa. Tudo parece me segurar, e encontro um milhão de outras coisas para fazer. Até mesmo a limpeza da caixa do gato parece atraente. Eu desejo o conforto de ficar de pijama, sabendo que seria um modo muito mais fácil, mais seguro e mais confortável de viver.

No entanto, esta é a vida que escolhi. Eu sou louca? Ou isso é típico para muitos de nós que têm grandes sonhos e aspirações que nos levam além?

Nosso desejo humano por segurança e garantia é sorrateiro, ele nos faz não querer nada além de nos sentirmos confortáveis. Se aceitamos isso, talvez nunca sejamos a pessoa que desejamos ser, façamos as coisas que expressam nossas paixões nem tenhamos a vida que desejamos. Se nos acomodarmos, o mundo provavelmente passará por nós e nada mudará. Talvez nunca nos tornemos quem realmente pretendemos ser.

Mais do que nunca, por causa da minha mais recente transição de vida, agora eu entendo o que John Lennon quis dizer quando proferiu as palavras: "A vida é o que acontece com você enquanto você está ocupado fazendo outros planos". A vida acontece, perdas acontecem, doenças acontecem, e casas pegam fogo. As pessoas que amamos morrem e, no fim das contas, todos morremos. Quando a perda, a doença ou a tragédia chega, é comum perguntarmos "por quê?". Porém, depois que a poeira assenta e o choque inicial desaparece, o transformado no meio de nós vai fazer perguntas que provocam a alma, tais como: "Quem seremos no meio de tudo isso? Como vamos agir? O que vamos fazer? E continuaremos, mesmo quando não tivermos vontade?".

Se sua primeira reação a essas questões é a resistência ou até mesmo uma sensação de estar sobrecarregado, não desanime. A maioria de nós, ou pelo menos aqueles que estão dispostos a falar a verdade, concordaria. Eu tenho a sensação de que já nasci com a resposta na ponta da língua – "Eu não posso e, além disso, eu não quero!". O meu "eu não quero" é um velho conhecido e é compreensível. Após ir e voltar à casa dos meus pais, adaptação às novas escolas e aos novos ambientes – sempre lutando –, minha mente criou uma resistência natural a mudanças. Minha psique já frágil poderia resistir a qualquer coisa nova, mas, depois de algumas humilhações públicas, me convenci de que me expor não traria, de modo algum, nada de bom.

Já contei sobre o meu "momento Chick-a-go", como agora carinhosamente me refiro a ele. Todos temos esses momentos decisivos e nos lembramos da maioria deles. O que não percebemos é o quanto esses momentos ainda interferem em nossa vida.

Uma das principais razões pelas quais as pessoas esperam é todo esse excesso de bagagem que carregamos conosco. Isso nos oprime e interfere em nossa capacidade de ver a vida como ela é agora. Muitas vezes, a chave é a simples constatação de que fazemos isso e que continuaremos a fazer. E, assim, nos pegamos no ato e gentilmente voltamos para qualquer coisa que esteja em nosso caminho. "Pare, entenda e continue em frente" é o meu novo lema. Agora mesmo, diante de uma sala de aula cheia de pessoas iguais a mim, caso alguém faça uma pergunta, minha mão fica pesada, como se estivesse segurando chumbo. Até hoje fico nervosa quando subo no palco.

Para refletir

Todos temos nossos métodos de procrastinação e de evitar viver nossos sonhos. Pare por um momento e pense sobre as suas técnicas favoritas. Minha mãe me contou como ela passava dias engomando fitas de Natal (em julho!) para evitar trabalhar em sua tese. Minha amiga Tally evitava estudar para o exame que lhe permitiria advogar comprando ursinhos de pelúcia on-line (uma obsessão que só começou no primeiro dia em que ela se sentou para estudar...). Minha amiga Ellen se perde na leitura quando se sente sobrecarregada e admite ser "dissimulada", fingindo fazer algo importante.

Você pode se surpreender com o quão previsíveis e repetitivas essas atitudes são. Ou você pode ficar de queixo caído com sua ingenuidade ao pensar que cria histórias e situações inéditas e originais, as quais, na realidade, mascaram medos já conhecidos.

Anote alguns exemplos que fazem parte da sua vida.

Depois de passar por alguns altos e baixos da vida, nosso desejo por segurança é ainda mais forte. Podemos nos pegar deixando nossos sonhos de lado simplesmente por falta de energia ou por uma aparente incapacidade de colocá-los em prática, quando já estamos nos sentindo sobrecarregados. Poucos meses após o incêndio, vivenciei algo que me aterrorizou. Uma amiga minha passou dezessete anos na estrada como comediante profissional, apresentando seu show de *stand-up comedy*. Eis que criou um *workshop*, e eu, que nunca pensei em ser comediante – mas gosto de desafios –, me inscrevi.

Você deve estar se perguntando: "Qual é a graça de perder tudo em um incêndio?". Quase nenhuma, eu diria. No entanto, eu sempre tive a capacidade de encontrar graça em tragédias. Então, sem pensar muito, eu disse *sim* para o *workshop* de minha amiga e, em seguida, me perguntei se havia ficado louca.

"Eu sei, eu sei, eu sei", eu disse ao meu eu corajoso. "Eu realmente preciso fazer minha frágil psique passar por isso? É o momento certo? Será que vão pensar que sou insensível por fazer piadas sobre minha experiência com o incêndio?"

Independentemente das minhas preocupações, senti uma oportunidade. Vendo Kristina atuar uma infinidade de vezes e admirando seu talento, eu sabia que podia aprender muito. Meu desejo veio do desafio e do extremo nível de conforto que Kristina exibia de modo consistente no palco.

Eu não havia visto muitas pessoas se sentindo "em casa" na frente de uma multidão como ela. Levando em conta que grande parte da minha carreira envolve falar em público, eu ansiava a facilidade que ela tinha a seu favor.

Durante o curso, oscilei entre enxergar o brilho do que eu tinha para contar e a vontade de sair correndo dali. Kristina enfatizou bastante a necessidade memorização, que nunca foi o meu forte. Quando vou falar em público, tenho um esboço em minha cabeça. Normalmente, eu sei como vou começar e terminar, mas não preenchi a maior parte do conteúdo a partir do que ocorre no momento. Adicione a isso a tentativa de ser engraçada, e eis a receita para um desastre – eu fico dura feito uma tábua, e consigo ser tudo, menos engraçada. Ao que parece, a humilhação me esperava.

Só para você saber, eu sempre suo antes de falar. Mesmo depois de anos compartilhando minhas histórias nas salas de reabilitação das Doze Etapas, um convite para falar em um novo local sempre gera ansiedade. Durante meu primeiro show "de verdade" na frente do público, eu tive a oportunidade de dividir o palco com muitas lendas da área de desenvolvimento pessoal. É claro que eu disse *sim*, o que era imediatamente seguido por vários meses de angústia enquanto o evento se aproximava. Por fim, depois de muitas noites sem dormir, tive uma sessão de *coaching* com um orador superfamoso, que me deu uma fórmula básica e me ajudou a criar um começo, um meio e um final. Agora, com uma estrutura simples na qual apoio meu material, tenho um pouco de paz. Embora, verdade seja dita, eu tenha duvidado da minha capacidade até o exato momento em que subi no palco.

Imaginei que melhoraria, que quanto mais eu falasse, menos eu teria medo. Mas parecia que qualquer oferta para falar em público gerava muita ansiedade.

Antes do incêndio, outra grande oportunidade apareceu no meu caminho, e no mês anterior vivenciei uma das maiores montanhas-russas da minha vida. Extremamente angustiada, peguei meu kit de ferramentas e me joguei no trabalho. Passei um tempo sozinha, fazendo um exame de consciência, sentada em minha varanda, obervando a paisagem e questionando o sentido da vida. Mais uma vez, eu me perguntava por que optar por medidas que irritariam minha alma e desafiariam meu núcleo. E, novamente, eu sabia a resposta tão logo fiz a pergunta – eu escolhi esse crescimento, porque é o meu caminho – e aprendi a me tornar disposta a caminhar pela dor e não perguntar aonde aquilo me levaria.

Para minha estreia como comediante, dormi melhor do que geralmente conseguia dormir às vésperas de um grande evento. O fato de eu saber que seria a primeira a subir no palco acarretou um pouco de angústia – e também um pouco de alívio. Eu não teria de me sentar na plateia esperando pela minha vez. Eu poderia acabar logo com aquilo e, então, me juntar à multidão e estar presente de verdade. Eis que finalmente o show começou. Kristina aqueceu a plateia com seu brilho e preparou-a para nos receber com ainda mais amor no coração.

Chegou minha vez... Eu me atrapalhei com o microfone e estava cega com as luzes, o que realmente me impediu de fazer quaisquer caretas na multidão. E eu comecei. Os risos surgiram rápida e facilmente, o que me deixou muito surpresa. Fiquei um pouco atrapalhada nos primeiros momentos e, então, de repente, eu estava lá, presente – e viva. Uma voz em minha cabeça ficava dizendo para eu me preocupar, pois eles poderiam não continuar rindo tanto. Permaneci do mesmo jeito, diminuindo a velocidade, me lembrando de aguardar que as pessoas rissem, que as pausas por si só são realmente engraçadas e podem fazer a risada da plateia aumentar ainda mais quando se retoma a piada. Kristina ensinou que não importa muito o que estamos dizendo, mas, sim, a maneira como estamos contando a piada. Ela também insistia para que ficássemos vulneráveis, e dizia que, num show de comédia, pode-se fazer qualquer coisa ser qualquer coisa.

Em determinado momento, os aplausos foram tão altos que eu pensei que deveria concluir ali mesmo. Não querendo deixar o palco e, ainda tendo mais algumas histórias, continuei. Como num piscar de olhos, eu queria me deixar levar novamente! Um por um, o resto do grupo tomou o palco. Todos foram brilhantes, lindos, hilários. Absolutamente nenhuma de nós havia feito aquilo antes, e uma jamais havia pisado em um palco. Cada mulher compartilhou suas histórias de vida de maneira espirituosa, admitindo com graça desafios e vulnerabilidades. Éramos todas únicas, ainda que ligadas pela coragem de pisar em território desconhecido. A multidão adorou e nos aplaudiu durante todo o show. Todas voltamos ao palco para o agradecimento final e para abraçarmos umas as outras. Cada uma de nós sabia com o que tivemos de lidar e o que tivemos de superar para estar lá naquela noite. Foi preciso coragem!

Quantas vezes já não ouvimos que a coragem não é a ausência de medo? Coragem é o inverso da capacidade de sentir o medo e agir de qualquer maneira. Ouvimos isso e dizemos: "Sim, eu sei, apenas faça e tudo mais". Porém, uma vez que o medo toma conta, nossa primeira resposta é um forte desejo de correr e se esconder para que ninguém nos veja. Muitas pessoas esperam que o medo vá embora para agir ou o usam como justificativa para não fazer nada. Por isso, muitas vezes, ouço meus clientes dizerem: "Isso (seja lá o que *isso* for) está me causando muita ansiedade, então eu decidi não continuar". Eles esperam ter vontade de fazer, mas, de alguma forma, ela nunca chega.

E se a ansiedade que sentimos ao assumir novos empreendimentos e aventuras fosse apenas parte do negócio? E se fosse quase sempre parte do negócio? E se realmente soubéssemos disso? Amadurecer nem sempre é confortável e, certamente, não é fácil. É por isso que existe um termo para isso: "dores do crescimento".

Apesar de não gostarmos de admitir isso, muitos de nós abandonamos nossos objetivos ao primeiro sinal de dificuldade. Ou passamos pela primeira dificuldade e pensamos: "Ok, chega. Eu não preciso passar por isso de novo". E, quando atingimos o próximo nível de "dores do crescimento", nós paramos e pensamos: "Talvez seja um sinal de que eu não deveria estar fazendo isso".

Para refletir

Quando o medo surge, a pergunta a se fazer é: "Eu estou deixando que ele me impeça de atingir meus objetivos? Será que estou seguindo uma direção que não se alinha com meus objetivos? Em que área da minha vida eu preciso de um pouco de coragem?". Lembre-se de que não há nada de errado em perceber no meio do caminho que você não está na direção certa.

Como conciliar essas partes de nós mesmos que estão sempre em contradição umas com as outras? A parte que diz "eu não quero, eu não posso, eu não vou de jeito nenhum" é um sinal de que pouco é uma boa ideia. E, ainda, a parte que diz *sim* apenas continua dizendo *sim*, mesmo quando há aquele *não* bem alto. Se você é capaz de deixar suas *banshees*[1] para trás, fico feliz por você. Aparentemente, não é o meu caso – minhas *banshee*s me acompanham. Quando eu as analiso com mais atenção, percebo que não passam de insetos insignificantes e barulhentos. Muito barulho sem muita importânca. Na realidade, estou bem protegida contra suas travessuras, nada do que elas preveem pode

---

[1] *Banshee* é uma personagem do folclore irlandês. Segundo a lenda, quando alguém avistava uma *banshee*, sabia que a morte estava próxima (N. E.).

realmente me matar, mas, como sabemos, isso simplesmente não importa muito em certos momentos – aqueles momentos em que não conseguimos enxergar nem ouvir nada.

Eu aprendi a fazer algo que chamo de "apontar e dirigir". Basta entrar no carro, definir a direção e dirigir. Às vezes isso é tão bom quanto parece. Outra estratégia que eu uso para me libertar do medo é dar nome a ele e compartilhá-lo com pessoas de minha confiança, aquelas com quem não preciso me censurar, com quem posso jogar aberto. Tipo: "Arrrr", o que na verdade se traduz em "Meu terror quer me tirar daqui. Socorro!". Durante a escrita do meu primeiro livro, houve incontáveis vezes em que pensei em desistir. Sem nunca ter escrito um livro antes, muitas vezes não parecia uma boa ideia. No entanto, eu o escrevi. E, lenta, mas seguramente, ele tomou forma. Houve inúmeras noites de sono perdidas e dias de ansiedade e dúvidas, mas, com uma palavra após a outra, eu continuei minha jornada.

Se, assim como eu, você costuma duvidar de si mesmo, encontre as pessoas que amam você, que podem ouvi-lo falar sobre seus medos, ouvir tudo – e não acreditar em nada disso. Encontre os amigos que não tentarão corrigi-lo, mas que lhe oferecerão amor, abraços e olharão profundamente para dentro de sua alma; nos olhos deles você verá que, na verdade, pode fazer aquilo que teme não ser capaz.

Lembre-se de que o "eu não quero" vai passar. Se você estiver seguindo seu coração, se sente-se impedido apenas pelo medo, ele vai passar. Esse é um excelente momento para a prática da espera! Você pode esperar mais do que o medo que o oprime. Espere que ele alivie, espere que ele se transforme, espere que ele vá embora. Estados de espírito são engraçados. Eles parecem ser a verdade em um momento de paixão e desespero. Na maioria das vezes, aprendi a não confiar em meus estados de espírito para determinar minhas ações. Se eu confiasse, não faria nada. De jeito nenhum. Nada. Eu nem seria escritora!

Eu definitivamente encontrei meu lar entre outras pessoas que não têm medo de compartilhar sua escuridão nem sua habilidade. Essas reflexões são férteis e me ajudam a lembrar que *não* fui muito além do meu limite. Graças a Gene Fowler, eu sei que "escrever é fácil: tudo o que você faz é sentar-se olhando para uma folha de papel em branco até que gotas de sangue se formem em sua testa". Ray Bradbury me lembra: "Você deve permanecer bêbada enquanto escreve, pois assim a realidade não poderá destruí-la". O livro inteiro de Anne Lamott, *Palavra por palavra* pôde me manter sã, ou pelo menos amenizou minha insanidade. E ela fala a verdade quando diz: "Você pode tirar o macaco das suas costas, mas o circo nunca sai da cidade", em seu livro *Grace (Eventually): Thoughts of Faith*. Essas pessoas me lembram de que não estou sozinha. Elas me concedem a permissão de escrever minha verdade, mesmo que isso não seja toda a verdade. De fato, eu sei que há a luz do sol lá em cima, mesmo quando há muitas nuvens. E, meu Deus, eu ainda estou no processo de luto. Portanto, uma vez que estou aqui, não consigo evitar me abrir. Se isso toca um coração, abre uma mente, dá um pingo de liberdade a um companheiro de viagem, já está bom para mim. Estou nas trincheiras da vida, admirando a lama e a sujeira, enquanto continuo tendo momentos de graça e beleza quando tudo se encaixa, antes de desmoronar mais uma vez. Ontem eu ri como uma louca, hoje eu choro como um bebê.

Há momentos para mergulhar na vida e há momentos para parar e refletir. Com paciência e prática, distinguimos entre os dois. Muitos dos nossos medos são banais, como a falta de valor. Aproveitar esses momentos nos revigora e inspira um novo nível de desempenho.

Em uma palestra ministrada por Jack Canfield (autor de *Canja de galinha para a alma*), tive de tomar uma decisão em uma fração de segundos – em determinado momento, Jack levantou uma nota de cem dólares e perguntou: "Quem quer?". Quando saí da cadeira e corri para o palco, escolhi ouvir o meu desejo em vez de ouvir as vozes que gritavam dizendo que eu estava cometendo um erro terrível. Obviamente, essa também era a ideia do exercício. Mas até que ele dissesse "Sim é isso!", eu não tinha certeza. Nesses momentos desconhecidos, quando o jogo ainda não foi jogado e não sabemos bem como será, é fácil parar. Em vez disso, aquela ação me impeliu para a frente e se tornou uma metáfora de como eu vivi minha vida. A lição: não pense muito, não pare, não espere. Mergulhe no desconhecido e descubra. Diga sim!

Foi emocionante a liberdade que senti com minha disposição a pular e arriscar sem saber se era a coisa certa a fazer. Mergulhar naquele momento me levou a sair da minha zona de conforto – era um novo mundo, com o qual eu antes só havia sonhado. Minha ação naquele dia me impulsionou a me tornar uma autora de primeira viagem e uma locutora, lançando meu programa de rádio, e muitas outras coisas maravilhosas. O outro lado da moeda é que algumas vezes eu pensava ser preciso me arriscar, e meu corpo gritava "não!". Durante esses momentos, eu me via em meio a um dilema e me perguntava: "Será que estou falhando comigo mesma se não arriscar? Estou amarelando? Estou perdendo meu limite ou meu jogo? Estou perdendo algo?".

Todos temos nossa inclinação natural. Se você tende a fazer uma pausa e ficar pensando, pode ser a hora de arriscar. Se você tende a arriscar em tudo, talvez seja hora de praticar a espera.

É evidente que há momentos em que arriscar é a melhor coisa, assim como aqueles em que é melhor ser paciente. Há momentos em que não sabemos o que é certo nem o que devemos fazer. Talvez esse tempo seja uma oportunidade de crescer. Talvez precisemos deixar passar alguns mergulhos, e outras vezes talvez devamos saltar rápido, quando estamos estagnados. Talvez às vezes seja preciso fazer algo completamente diferente.

Para refletir

Você sabe quando é hora de saltar e quando é hora de ficar parado? Como você pode dizer se você está sendo paciente ou se está amarelando? Você é capaz de deixar a poeira baixar para ter mais clareza sobre o que realmente quer?

Nos primeiros meses após o incêndio, tive a oportunidade de estar em dois lugares ao mesmo tempo. De um lado, a escrita deste livro e os prazos, envolvendo ambos os hemisférios do meu cérebro – tanto o lógico quanto o criativo. De outro lado, deixei minha dor ser o que é, deixei-me levar por ela e sentir o que há para sentir, embora ainda sem saber aonde isso poderia me levar.

O que fazer quando estamos nos movendo em direção a um dos nossos objetivos de vida e, de repente, o medo vem e a inspiração vai embora? Descobri que aquela palavra antiquada e subvalorizada, "compromisso", é minha maior aliada em tempos de questionamento, de luta e quando duvido de mim mesma. E ela também é minha maior arma contra o "Eu não quero", quando na verdade eu realmente quero. Por exemplo, escrever este livro é algo que eu realmente quero.

Vamos falar um pouco sobre compromisso. Em geral, romantizamos nossos sonhos e, normalmente, não somos grandes fãs de compromisso. No entanto, sem um verdadeiro compromisso, o que começa como um sonho permanece no ar e nunca é realizado.

Então, o que devemos fazer? Primeiro, precisamos nos comprometer e, depois, devemos honrar esse compromisso. Comprometimento vence qualquer desculpa. Não importa se você não tem "vontade" de estar casado hoje – você está comprometido. Sim, precisamos daquela inspiração inicial, e a paixão ajuda. A visão é poderosa. O seu "ardente porquê" é essencial. Um sistema de apoio saudável é maravilhoso. Todas essas coisas são fatores importantes, mas quando as fichas estão na mesa, o clima está baixo, o vento está frio, o café acabou, os tênis de corrida estão enlameados, o joelho está destruído e a casa está em chamas, o que resta é nosso comprometimento.

Para honrar nossos compromissos, temos de caminhar pelo nosso próprio fogo. Isso não é fácil, e muitas vezes é assustador. Corredores de longa distância (como a minha cunhada) voltam para casa com bolhas e sem as unhas dos pés. E eles continuam correndo! Não posso afirmar que tenho bolhas em meus dedos por digitar, mas às vezes meus pulsos doem. Eu posso dizer-lhe que muitas vezes os sinto doloridos. Estou com medo. Estou preocupada. Estou desanimada. No entanto, me enchi de determinação e coragem e disse *sim* à minha nova editora. Eu me comprometi com esse esforço. Honrarei esse compromisso e, mais uma vez, descobrirei que sou melhor do que me sinto neste momento. Isso é o que realmente importa. Não é tanto o que produzimos, é como experimentamos nós mesmos após (e durante) a honra do compromisso que fizemos conosco.

Comprometer-se com os outros é bom, uma vez que a maioria de nós é negligente ao comprometer-se consigo. Costumamos nos deixar de lado muito rápido, de modo que acabamos não confiando no que sai de nossa boca. Em seguida, passamos a acreditar na mentira de que não conseguiríamos de jeito nenhum ou, pior ainda, acabamos vendendo nossos sonhos. Portanto, se comprometer com alguém que realmente vai nos segurar naquele compromisso é o caminho a percorrer.

Você quer saber o que acontece quando eu me sento para escrever e vejo a tela em branco, com os dedos no teclado? Macacos gritando. *Banshees* brigando. Todos me dizendo mentiras, por exemplo: "Você não pode fazer isso, não vai nem quer fazer". É assim que funcionamos no trabalho. É por isso que eu espero. É por isso que *nós* esperamos.

Mas eu retorno, porque estou limpa. Isso é o que eu quero fazer. Isso é o que eu escolho fazer. Essa é a minha paixão. E esse é o meu compromisso.

Para refletir

Tire algum tempo para rever seus compromissos. Por que você os têm? Você está honrando sua palavra? Você está se deixando de lado? Você está disposto a fazer o que for preciso para manter-se fiel em seu caminho, se você sabe que você está vivendo o seu propósito? Onde está seu "eu não quero", transmitindo-lhe uma mensagem de cura? Você não está escutando? Quando você se compromete com algo e acaba sendo ruim para você – isto é, você sabe com todas as suas forças que não está no lugar certo ou com a pessoa certa pelas razões certas –, você reconhece o seu erro e cria um novo comprometimento?

Assim como sou clara sobre honrar meu compromisso com a escrita deste livro e não me deixar levar pelos meus "eu não quero," sou igualmente clara quanto ao fato de ter me permitido passar pelo processo de luto e à minha falta de interesse em estar em um lugar diferente de onde estou. Nossa cultura quer apressar a fase de luto e embrulhá-la em um lindo pacote. Nós temos as ferramentas e a tecnologia, por isso achamos que devemos estar em algum lugar diferente de onde estamos. Vivemos em uma sociedade de "soluções rápidas". Dê um jeito nisso.

Será que gritaríamos com a terra devastada pelo fogo e diríamos "apresse-se e cure-se"? Bem, talvez, em nossa tristeza. Mas será que realmente esperaríamos por isso? A terra está queimada, as árvores, enegrecidas, e a terra, seca. É impossível caminhar sem ficar coberto de cinzas e fuligem. Posso dizer-lhe para se limpar *agora*?

Em vez disso, vou dar um tempo. Escolho ver a beleza no mundo e escolho também vivenciar o horror. Escolho permitir que o amor de meus cães me preencham e permito que a minha perda me esvazie. Escolho tudo isso durante o tempo que for preciso.

Estou evoluindo, e o resultado pode não aparecer tão cedo.

14

Esperando que algo ruim aconteça

Lá vem a baleia!

(FRASE ANTIGA USADA NA CAÇA ÀS BALEIAS QUE OUÇO DO
MEU MARIDO QUANDO PERCO O CONTROLE)

À primeira vista, eu e meu marido podemos parecer bem, mas, se você se aproximar de nossa alma, poderá ver as brasas de nossa tristeza. Empurre-nos um pouquinho em qualquer direção, e eventualmente as coisas explodirão. Ontem, uma briga boba com ele sobre nosso gato, minha mente cansada e o prazo para entregar o livro reuniram-se para me tirar do sério. E, sim, minha primeira reação ainda é correr gritando pelas colinas. Dessa vez, eu não corri, e está tudo bem entre nós de novo.

Após o incêndio, eu esperava que eu e David nunca mais brigássemos, que nossa perda nos unisse mais, mas isso obviamente aconteceu. Eu ainda tenho meus medos, ainda tenho meus momentos, ainda sou um ser humano confuso. E, claro, nós ainda brigamos de vez em quando.

Em muitos casos de trauma, o mais perturbador é a surpresa. David e eu não esperávamos que algo tão terrível fosse acontecer conosco, fomos pegos totalmente de surpresa. Agora, permanecemos vigilantes, à espera da próxima tragédia, assim, pelo menos, não seremos surpreendidos novamente. Temos andado chocados, assustados, confusos e com medo do nosso estado de espírito "normal". Nossa pele é fina, nossa resistência está baixa e nossos filtros estão desligados.

E eis que algo ruim aconteceu sob a forma de uma pessoa conhecida, a qual ficou muito brava comigo quando eu menos esperava. Ela disse que precisava desabafar – algo que sou totalmente a favor –, mas eu não sabia que o que ela queria dizer tinha a ver comigo. Quando ela começou a me contar como eu a havia ofendido, meu coração apertou, mas eu sabia que não estava pronta para uma briga... Ou assim eu pensava.

Acabei ficando com raiva também e, obviamente, as coisas não correram muito bem. Depois de nós duas desligarmos o telefone com raiva, eu sabia que aquilo ficaria martelando minha cabeça, então, resolvi ligar de volta e tentar melhorar um pouco a situação.

É uma experiência incrível ouvir uma opinião sobre nós que seja tão oposta à nossa autoimagem. É desorientador, para dizer o mínimo. Em um momento de abençoada clareza, percebi que tudo o que eu poderia fazer era me desculpar.

Então, o que aconteceu depois dessa discussão? Caí em um poço de desespero extremo. Sempre esperando o momento de entrar em ação, as vozes em minha cabeça gritavam: "O mundo não é seguro, você será mal interpretada, há pessoas que não gostam de você ou não o entendem, e todas elas vão se reunir e apresentarão provas do que dizem. Está acontecendo neste momento? As pessoas estão falando de você. Elas pensam que você é egocêntrica e estão cansadas do seu luto...". E blá, blá, blá...

E o que eu fiz com todos esses visitantes perturbadores? Levei-os ao shopping. Ao escrever isso, lembro-me de algumas ironias antigas. Muito tempo atrás, na época do meu vício e dos meus distúrbios, eu comprava compulsivamente enquanto comia compulsivamente, vagando sem rumo pelos shoppings, sentindo o poço escuro de desespero se aproximar e me entorpecer com alimentos e gastos.

Meus demônios estavam comigo no shopping. Quando eu entrava em uma loja em que as vendedoras tinham metade da minha idade, eu decidia que meus sapatos eram bregas e não combinavam com o vestido que eu estava usando (ah, essa coisa de sapato outra vez). Até aquele momento, eu achava que minha roupa estava boa. Tive *flashbacks* do ensino médio e das líderes de torcida decretando que meus sapatos eram cafonas. E adivinhem: eu não consegui esquecer, era impossível. Eu jamais esqueceria. Em vez de restabelecer minha frágil psique, cedi e comprei um par de sandálias, usando-as ao sair da loja e colocando os sapatos que eu estava usando antes em um sacola. Sério! O tempo todo eu observava a mim mesma caindo na velha armadilha de esperar para ser amada e admirada por todos.

O que aconteceu: uma conhecida disse que eu era imprudente e que estava com raiva de mim. O que aquilo significou para mim: "O mundo não é seguro, não estou segura e, o pior de tudo, meus sapatos não são adequados". Mais uma vez, mesmo depois de tantos anos e tanto treinamento, naquele momento em particular eu não era boa, e minha única esperança era um novo par de sapatos.

É claro que, muitas vezes, eu me sinto muito mais focada, espiritualmente serena, e não me deixo levar tanto. E, quando me deixo levar, retomo a serenidade sem o auxílio de um calçado novo.

Então, o que fazemos quando não conseguimos parar de pensar em nossos erros?

Naquele dia, procurei outra amiga, Dusty, uma criatura extraordinária que brilha sua luz radiante para tantos, uma luz tão luminosa que não apenas preenche uma sala, mas a domina. A escuridão derrete em sua presença, e nós, menos iluminados, nos tornamos inteiros simplesmente por estar em sua presença.

Sentindo-me péssima por causa de minha incursão na escuridão, liguei para Dusty, a qual fazia a coisa certa. Mesmo de longe, pelo telefone, ela me confortou e me lembrou de que, antes de tudo, eu estava bem. Em segundo lugar, estava tudo bem. E, finalmente, eu poderia esquecer aquilo. Então, ela disse algo como: "Ah, essas pessoas que agem como o grilo falante (na verdade, ela usou palavras diferentes...)! Afinal, estamos vivendo para as expectativas de quem?". Ela me lembrou que sou um criatura emocional, com apenas algumas coisas acontecendo ultimamente, e que não haveria problema se eu desse um passeio pelo lado selvagem da minha mente.

Absorvi o amor e a sabedoria emanados por Dusty e lembrei que as pessoas que eu quero em minha vida são aquelas que vão ficar confusas, sentirão profundamente, se expressarão com veemência, cometerão erros... Se não formos capazes de ceder e de nos entendermos com nossos amigos, qual é a razão de tê-los?

Para refletir

Agora pergunte-se: você está vivendo sob as expectativas de quem? Você é um bom amigo para si mesmo? Se não, o que está faltando? O que você pode fazer quando se deixa levar? Nos ombros de quem você pode (e vai) chorar?

Todos temos um lado sombrio. Independentemente de ele se manifestar com frequência ou não, está lá. Muitas pessoas guardam suas facetas obscuras lá no fundo – consumo abusivo de drogas, gula, gastos excessivos, vício em trabalho, vício em sexo, violência doméstica ou o que quer que seja que se prefira esconder, qualquer que seja a dor ou a preocupação sem razão.

Lemos os jornais, assistimos ao noticiário e somos bombardeados com as coisas terríveis que acontecem no mundo. É fácil viver com medo do desconhecido, do perigo que nos espreita. Alguns de nós internalizam o horror, permitindo que ele nos seque lentamente. Alguns de nós têm sido assim a vida inteira. Para outros, a centelha foi acesa por acontecimentos de muito tempo atrás, quando algo mudou de repente. Uma morte na família, o divórcio dos pais, abuso ou simplesmente uma situação estranha com nossos colegas. Passamos a vida protegendo nosso coração contra maiores traumas, querendo o melhor do mundo, mas continuamente vendo evidências do pior.

O estresse faz mal às pessoas. O luto afeta até mesmo a mais forte das almas. O trauma pode mexer conosco por um tempo. Outros podem não precisar de algo muito grandioso e simplesmente passar a vida com uma forma mais branda, e igualmente prejudicial, de necessidade de proteger.

Alicia, uma dona de casa mãe de três lindas garotas, conta sua história:

A verdade é que nada realmente "terrível" aconteceu em minha vida. Tive uma infância normal, cresci na mesma cidade onde meus pais cresceram, estudei na mesma escola a minha vida inteira, fui para a faculdade e me casei com o meu primeiro amor. Mesmo que coisas loucas acontecessem à minha volta, de alguma maneira minha família nunca foi afetada. E isso é parte do problema. Tenho a crença irracional de que minha hora está chegando. A qualquer dia.

Agora, com minhas três filhas preciosas na idade escolar, minha ansiedade está maior do que nunca. Leio as manchetes, ouço as notícias e fico assustada com esse mundo louco. Eu compartilho meus medos com meu marido, mas ele parou de me escutar e às vezes pensa que sou louca. Isso não significa que ele não tenha suas preocupações. Ele é um bom pai, e em momentos de calma consigo perceber que ele tem um equilíbrio "saudável" de preocupações. Ele mantém as meninas seguras, mas está absolutamente claro que não quer viver em paranoia. Eu, por outro lado, vivo em paranoia. Eu fico até tarde da noite pesquisando qualquer novo sintoma que uma das meninas possa ter. Nariz sangrando? Ah, deve ser um tumor cerebral. Tosse excessiva? Vamos cortar todos os alérgenos, as toxinas, os poluentes, os produtos químicos... Vamos nos livrar do tapete, dos cães e do glúten.

Sim, passei a debochar um pouco da minha loucura. Não é exatamente loucura, mas chega perto. Isso me persegue dia e noite. No entanto, eu sei que, não importa o perigo que eu descubra, há sempre outro se aproximando. Um dia eu surtei e procurei uma terapeuta. Ela está me ajudando a permanecer no momento, afrouxar minha falsa sensação de controle, além de passar mais tempo cuidando de mim. Eu ainda tenho recaídas, mas tenho consciência disso e consigo pôr fim às preocupações mais rapidamente. É como tentar pegar o pote de biscoitos. Às vezes já comemos o biscoito antes de perceber que iríamos comê-lo. Às vezes paramos antes de colocá-lo na boca. Às vezes comemos uma cenoura em vez do cookie. E agora eu comemoro quando me controlo – e sou gentil quando não. Percebo que não posso esperar que a vida se acalme. Ainda sinto medo de que coisas ruins possam acontecer, mas, definitivamente, estou em paz com a natureza imprevisível dos fatos. E, concluindo: não importa o que aconteça, eu sei que vou ficar bem.

Enquanto eu ainda estava angustiada por causa do incêndio e da perda da minha casa, participei de um seminário corporativo. Durante as primeiras horas entre "pessoas normais", eu me senti como uma leprosa. Eu não pertencia nem me encaixava entre aqueles brilhantes (e limpos) colegas. Sim, eu havia tomado banho, mas a mancha de cinzas ainda permanecia em meus pés (literalmente) e em meu coração (metaforicamente, mas era assim que eu me sentia).

Eu precisava me afastar daquelas pessoas, que provavelmente haviam acabado de sair de suas casas com closets. E, então, eu fugi. Por fim, uma pausa para "matar aula" no sol da Califórnia e longe de casa era exatamente do que eu precisava. Tirei a tarde de folga, fiz uma deliciosa refeição, o que me levou a um passeio pela praia. Andei tendo o clima perfeito como companhia. A caminho do aeroporto, vi as palmeiras e queria fazer qualquer coisa – *qualquer coisa* – menos entrar naquele avião de volta ao Colorado. Deixar Los Angeles e retornar a um estado que ainda estava em chamas era demais. Para o que eu estava voltando? Para onde estava indo? Onde ficaria? Alguma coisa era realmente segura?

É claro que, quando cheguei, havia um lugar para ficar e algumas coisas seguras.

Voltei para o porão confortável da casa da Jessica e sabia que de manhã eu poderia passar um tempo com suas meninas fingindo morder o nariz delas, servindo-me de cereal matinal, deixando que elas alimentassem o Tigger, observando-as andar de braços dados pela casa com roupas de princesas. As risadas, os abraços, o amor – eu me embriaguei de tudo isso. Espalhando curiosidade, como pequenas deusas tempestuosas, as meninas sabiam preencher um espaço com encanto.

Eu as deixei livrar minha mente de preocupações. Permiti-me aproveitar o momento com elas antes de saírem para o seu dia de aventura.

Eu absorvi sua bondade e sua coragem e me perguntei: "Como é possível viver sem sentir medo? Como será simplesmente não esperar que outra coisa ruim aconteça?". Essa é a pergunta da nossa época. Nós, do tipo extrassensível, precisamos encontrar saídas e distrações da angústia. Minha saída na Califórnia foi matar aula. Outras vezes, é uma caminhada com os meus cães, a manicure, um bom filme ou uma série de TV divertida.

Para refletir

O que você pensa sobre distrações saudáveis? Quais funcionam com você? Como a proliferação de notícias, 24 horas por dia afeta você? Quantas vezes você usa a televisão ou a internet para absorver tudo o que puder sobre os últimos desastres? Você faz distinção entre estar informado e estar inundado?

Faça de conta que você tem alguns conselhos para oferecer a mim ou a Alicia. Quais seriam? O que você tem a dizer sobre os lugares em que você espera porque você está preocupado que algo ainda mais terrível aconteça?

Felizmente, meus momentos de angústia extrema são raros, mas, quando eles ocorrem, parece que fui engolida por inteiro. Essa é a angústia existencial que os filósofos vêm discutindo por eras. Esses momentos são como *O grito*, de Edward Munch, um rosto contorcido em agonia, um corpo girando no nada. É o domínio da segurança em um mundo inseguro. É a busca desesperada por um ancoradouro enquanto flutuamos pelo Universo suspensos apenas pela gravidade. Não há chão, não há certeza, não há garantias. É a consciência de que, só porque algo terrível acontece, nós não estamos protegidos contra acontecimentos ainda piores. Uma sábia amiga advertiu: "Ninguém tem direito a uma vida perfeita". Ela sabia bem disso. Seus dois filhos morreram quando o carro dirigido por uma babá ficou preso em uma ferrovia. Em seguida, pouco tempo depois, o marido morreu de câncer. A destruição traz aprendizados, mas muitas vezes eles vêm envoltos em arame farpado. Não sabemos que são aprendizados naquele momento – e a verdade é que eles somente serão se estivermos dispostos a enxergá-los, se estivermos dispostos a mudar nossa perspectiva. Algumas coisas muito ruins exigem uma mudança grande, uma abertura definitiva de consciência, o que não é fácil quando estamos feridos. Muitas pessoas não conseguem e acabam amargas, sempre se sentindo enganadas pelo mundo e pelas pessoas.

Neste ponto da vida, percebo que não importa o quão sábia eu me sinta às vezes, eu serei arremessada novamente. Depois de passar por essas situações e chorar no ombro de meus amigos ou até mesmo no meu próprio, eu me sinto mais leve.

Agradeço a Deus pelas minhas habilidades, pelo meu aprendizado, pela minha capacidade de parar e ter alguma sanidade mesmo no meio da minha loucura. Portanto, escolho a vida e estou ciente de que tudo é apenas uma questão de opção.

Para refletir

Em momentos de grande tristeza, estresse ou trauma, às vezes nos esquecemos de nossas habilidades ou sentimos que não temos nenhuma. Nessa hora, é importante que saibamos quando parar e procurar ajuda. Além das minhas reuniões das Doze Etapas, do apoio de meus entes queridos e da escrita, voltei à terapia após o incêndio para ganhar ainda mais habilidades. Outras ideias são grupos de apoio, exercício físico, uma dieta nutritiva, oração e meditação. Às vezes, precisamos de intervenções mais sérias – nesses casos, consulte seu médico ou seu terapeuta sobre o que pode ser preciso.

Como o Colorado continuou com incêndios durante todo o verão, risquei da minha lista de preocupações o medo de perder minha casa para um desastre florestal. E assim, por um momento, eu me perguntei: "Será que nossa terra poderia queimar novamente? Há combustível suficiente no chão? O Universo é assim tão cruel? Há alguém fazendo essas escolhas para o nosso destino?".

Na verdade, muito provavelmente isso não acontecerá novamente; dizem que um raio não cai duas vezes no mesmo lugar. Ou cai. No entanto, em vez de viver preocupada, eu vivo. Apenas vivo.

O que eu estou esperando? Talvez eu esteja apenas esperando que o mundo faça sentido. E, se é assim, percebi que posso esperar por muito, muito tempo. Mas fica a pergunta: o que farei enquanto estou esperando por essa resposta?

15

Esperando que Deus apareça

Você sabe o que o Lama diz para mim?
"Quando você morre, em seu leito de morte,
você terá plena consciência de tudo."
Então, eu trago isso comigo, o que é bom.
(BILL MURRAY COMO
CARL SPACKLER
NO FILME *CLUBE DOS PILANTRAS*)

Apertando forte o volante e com a velocidade acima do limite permitido, meu mantra naquele momento era: "Eu vou perder o avião. Eu vou perder o avião. Eu sei disso". Agora, desde que estamos totalmente imersos no mundo da autoajuda, sabemos que a tal fala não passa de uma criação negativa e que não é, de modo algum, o caminho certo para a prática da lei da boa atração, além de ser desprovida de qualquer contexto de capacitação!

A mensagem autodestrutiva escondida naquele comentário ("eu sou uma grande idiota, eu sou uma grande idiota") é, de fato, a cereja do bolo. Ponderei tudo isso quando calcei meus chinelos para correr da segurança até o portão de embarque. "Será que o Universo está feliz por eu correr? Será que o Universo ficaria bravo se eu parasse para recuperar o *fôlego*? Será que o Universo realmente se importa? Será que realmente existe alguém a quem eu possa orar para conseguir embarcar? Sério? É assim que Deus funciona? Será que ele realmente tem tempo para isso?" Enquanto refletia sobre as manchetes tristes que li naquela manhã, questionei ainda mais. "Será que Deus vai responder à minha oração e segurar o voo para que eu não perca minha viagem à Califórnia, mas em outro lugar uma criança cai em um lago e se afoga? Será que aquela criança não orou o suficiente? Foram os pais que atraíram algum antigo carma? Será que eles se esqueceram de dizer 'por favor' ou 'obrigado'?"

Eu consegui pegar o voo e agredeci a alguém, talvez ao "Deus dos acontecimentos triviais" ou ao "Deus da aeronáutica" ou talvez apenas a Deus, seja ele (ou ela, ou eles) quem for.

Depois que minha casa foi incendiada, enfrentei o que se poderia chamar de uma crise espiritual. Sempre acreditei em um poder maior do que eu, de modo que me permiti questionar tudo. Talvez o mais importante: "Há algo ou alguém que se preocupa comigo? Em caso afirmativo, por que esse algo destruiria meu santuário? O que eu fiz ou não fiz para merecer isso? Ou não tem nada a ver comigo, e tais eventos são completamente aleatórios? E se qualquer coisa pudesse acontecer a qualquer um, a qualquer momento? Qual é a razão de tudo isso?".

Albert Einstein disse que a pergunta mais importante a se fazer é se vivemos ou não em um Universo amigável aos nossos desejos e aos nossos propósitos. Ele argumentou que podemos dividir as pessoas em três categorias: aquelas que acreditam em uma força que é hostil aos desejos humanos, aquelas que acreditam em um campo de ação perfeitamente neutro e aquelas que acreditam em algo bom que está inerentemente do nosso lado.

Depois de jogar todas as minhas crenças no chão e bater nelas até que sangrassem, as peguei de volta com um novo olhar para ver o que funciona e o que é adequado agora. Eu não peguei todos os pedaços. Ainda estou observando como elas se encaixam – e às vezes eu as deixo impotentes, contorcendo-se no chão, enquanto imploram por atenção, consideração e pelo veredicto final. Talvez as deixe na lama e nas cinzas ou simplesmente saia andando. Talvez elas chorem quando eu virar as costas. E às vezes eu fujo de tudo, assistindo a um filme entorpecente na TV. Nós, pessoas sóbrias, temos poucos meios de realmente sair de sintonia...

Recentemente, ouvi alguém dizer que qualquer crise após os 40 é uma crise espiritual e, uma vez que estou com meus 40 e poucos anos, comprei essa ideia. No fim das contas, precisamos decifrar por conta própria o que uma crise significa. Podemos ser influenciados pelos ensinamentos, pela literatura, pela religião, pela arte ou por homens e mulheres sábios, mas ainda é importante que cada um encontre o próprio caminho. Minha mentora me apresentou um mantra, o qual sempre repito – "Trilhe o seu próprio caminho". Trilho meu próprio caminho. Não o seu, não como você acha que eu deveria ser, como você acha que você mesmo deveria ser ou como a religião ou qualquer ensinamento espiritual acha que devemos ser. Nem os ensinamentos de uma escola ou grupo em particular. Seu próprio. Meu próprio.

Eckhart Tolle também recomenda que desviemos de toda teoria e consultemos nossa própria experiência – o que realmente acontece quando deixamos de lado (mesmo que por um breve momento) todas as histórias e os julgamentos e vivenciamos em primeira mão a alegria existente no agora. Essa provavelmente é a razão pela qual *O poder do agora* é o livro espiritual mais vendido dos últimos cinquenta anos. Quando alguém faz uma pergunta a Tolle, em vez de responder, ele encoraja a pessoa a sair de sua mente e ver o que está ocorrendo em sua experiência. Isso é alucinante para você que está apenas lendo, e quando você realmente põe em prática, o mundo muda completamente.

Escolho encarar minha crise recente como uma oportunidade para realmente trilhar meu próprio caminho. Tenho explorado o que isso significa por muitos anos e queria fazer isso "direito". Como Bill, meu querido mentor, diz: "Você pode chegar ao topo de uma montanha em um jumento chamado Bob". Ouvi essas palavras, mas, sendo uma seguidora de regras e a boa menina que sou (ou era), eu quis encontrar o canal "apropriado", em vez de dar-me a liberdade de encontrar meu próprio caminho. Muitos de nós queremos fazer as coisas certas, principalmente no que diz respeito à religião ou à espiritualidade. E, se tivermos passado algum tempo envolvidos com a religião, definitivamente parece que há caminhos certos e errados. O que um questionador iluminado deve fazer?

É muito impotante perceber a diferença entre saber qual é "o próprio caminho" porque os sábios dizem e conhecê-lo porque você o encontrou e ele é aprazível. Assim como perceber a diferença entre saber que "Deus" existe porque algumas pessoas acreditam nele e porque parece uma boa ideia acreditar, já que tira um pouco da dor e da irritação causadas pela injustiça da vida, e conhecer Deus ou saber que o bem existe porque você passou por essa experiência.

Para refletir

Para você, o que significa trilhar o próprio caminho? Quais são os aprendizados que surgiram com a perda ou crise em sua vida? Você foi capaz
de enxergá-los no momento? Se não, o que fez você enxergá-los? Se você
ainda não os viu chegando, você está disposto a observar novamente?

Enquanto continuo minha reinvenção espiritual, em uma recente
reunião das Doze Etapas ouvi algo que ouço a muitos anos: "Mas pela
graça de Deus eu vou". É um lindo sentimento, no entanto, quando
removido do contexto da literatura, ele ganha vida própria. Muitos dos
que pronunciam isso parecem dizer que aqueles de nós que sobreviveram ao alcoolismo foram escolhidos. Ainda mais agora, eu me recuso
a acreditar que alguém é escolhido em detrimento de outros. Acredito
que podemos escolher, aproveitar a graça de Deus e trazê-la para nossa
vida, mas a ideia de que existe um Deus lá em cima escolhendo alguns
e outros, não, é absurda. Como Deus escolheria? "Ok, queime a casa
daquele ali, mas não queime a daquele outro. Vou manter este sóbrio,
mas não aquele outro com aparência desalinhada. Oh, talvez ela também, pois ela certamente fará coisas boas. Este? Deixa para lá…"

E o que dizer das pessoas que optam por não tirar proveito das
graças de Deus? Será que ele ainda estará presente de qualquer maneira
para aquelas pessoas que não o notam ou não o identificam de tal maneira? Ou será que elas serão mais prejudicadas?

Há mais de 25 anos me foi dada a escolha de recuperação. Em
uma encruzilhada na vida, vi a escuridão se aproximar. Na verdade,
escuridão é uma palavra inadequada – era um buraco enorme, preto,
desagradável que surgiu para me engolir. Escolhi o desconhecido, com
a ajuda dos meus pais, e entrei na reabilitação. Não acredito que Deus
me escolheu e não escolheu meu ex-namorado, Larry, que morreu de
overdose em 2003. Deus não me escolheu em detrimento das pessoas
que faleceram no incêndio que destruiu minha casa. A vida é assim.
Coisas ruins simplesmente acontecem. E coisas boas também. Sim, é
relativo o que rotulamos como "coisas boas" e "coisas ruins". No passado, eu teria discutido um caso sério assim: "nada significa nada mais
que o sentido que lhe damos". Porém, tente dizer "tudo depende de in-
terpretação" àqueles que foram violentados e saqueados na guerra, aos
entes queridos de uma vítima de um motorista embriagado ou àqueles
que perderam os pais ou o cônjuge em um incêndio que se alastrou
rapidamente. Vá em frente, utilize esse argumento e veja o que receberá

como resposta. Vou esperar. Por alguma razão estranha, as pessoas não gostam quando você sugere que a tragédia delas é ontologicamente sem sentido e poderia "significar" qualquer coisa!

Acreditando verdadeiramente nas palavras de Freud, "um dia, quando olhar para trás, você verá que os dias mais belos foram aqueles em que você lutou", eu sabia que após o acontecimento que mudou minha vida haveria beleza, crescimento e muita sabedoria. E, mais uma vez, cabe a cada um de nós encontrar um significado que faça sentido.

Muitas pessoas que sobrevivem a uma crise mais tarde acabam ficando gratas ao momento difícil, chegando a enxergar significado e beleza. Às vezes, o próprio acontecimento ainda parece horrível, mas quem nos tornamos depois dele é resultado de um bom aprendizado. Como já presenciei várias vezes na reabilitação, o que antes parecia o pior inferno de todos pode levar a uma vida além da imaginação. Muitas e muitas vezes, as pessoas desviam das portas da loucura, da prisão ou da morte e escolhem uma vida de sobriedade. É verdadeiramente extraordinário testemunhar isso, e experimentar é alucinante.

Há certos acontecimentos – como a perda de um ente querido, um diagnóstico que mudará sua vida ou sobreviver a um incêndio – que realmente nos levam a refletir sobre o infinito. Estou esperando ter uma relação com Deus ou estou desconstruindo o que eu tinha, como muitos fazem diante de uma crise? Essa é a minha maneira de cultivar uma relação ainda mais profunda com o divino? Será que Deus me odeia? Estou amaldiçoada por um carma? Já não tenho caráter suficiente? Será que vivemos em um Universo aleatório e sem sentido? Cada um de nós precisa encontrar a própria verdade. Falando sério, qual é o propósito de nossa passagem pela Terra se não chegarmos a descobrir por nós mesmos o que é a vida? E podemos estar errados. Ninguém realmente sabe. Por meio da espiritualidade, tentamos dar sentido ao inexplicável. Você diz que adora fadas? Então adore as fadas. Você ama Jesus? Tenha Jesus no coração. Você acredita no Antigo Testamento? Ótimo para você. Você acha que nada é real? Escolha isso. Escolha o que funciona para você. Por enquanto, estou me permitindo não saber como ficarão minhas crenças.

Eis que um dia me deparei com um dos mais lindos arco-íris que já vi na vida. Parei no acostamento para tirar uma foto e não conseguia encontrar meu celular em nenhum lugar. Procurei sem sucesso até que o arco-íris diminuiu um pouco. Continuou a brilhar na minha frente, enquanto subi a montanha. Querendo saber se o pote de ouro apontava para minha casa incendiada, considerei muitos pontos de vista naquele momento. O que ele significa? É Deus falando comigo? São meus anjos cantando? Finalmente, decidi que era luz refletindo na umidade – nem mais nem menos. Mas isso não o tornou menos maravilhoso. Acontece que o pote de ouro não estava na minha casa. Mas nosso trailer Airstream estava lá me esperando, e era o fim de mais um belo pôr do sol em Rocky Mountain.

Roberta, uma mulher audaciosa em seus 50 e poucos anos, compartilhou uma história que me fez parar e pensar nas coisas ainda mais profundamente.

Antes de ficar sóbria, eu era insolente, arrogante e odiava Deus. Meus pais morreram em um acidente de carro quando eu tinha 10 anos, e depois passei por várias famílias até ir à faculdade. A faculdade foi um desastre – afoguei minha tristeza na bebida e na drogas, me enfiei em vícios pesados, ficava com uma galera sombria e me afundei cedo. Depois do meu terceiro acidente por dirigir alcoolizada, passei algum tempo atrás das grades. Um grupo local das Doze Etapas promovia reuniões semanais na prisão. Eu era obrigada a ir; fazia isso com todo a maldade que conseguia reunir. Havia muita conversa sobre "Deus", e mesmo quando diziam "Poder Superior" eu queria vomitar. Um dia, chovia tão forte que não podíamos sair de jeito nenhum – foi um dilúvio, com trovões e relâmpagos e muita água entrando pelas rachaduras das janelas. No dia seguinte, tive o ar fresco que precisava (e o meu cigarro também) e, quando deixei cair a bituca no chão e pisei para esmagá-la, vi alguma coisa com o roxo mais brilhante que já havia visto. Ajoelhando-me para olhar mais atentamente, vi que uma pequena flor havia forçado seu caminho por uma rachadura no cimento. Olhei rapidamente ao redor pelo resto do quintal, e tudo que eu vi, até onde minha vista alcançou, foi um cascalho poeirento. Nada com vida nunca havia crescido naquela área grosseira antes, disso eu tinha certeza.

Enquanto olhava para aquela flor delicada, aconteceu algo que não consigo explicar. Era como se as sombras tivessem saído dos meus olhos e as cascas tivessem caído de minha pele. Senti uma vivacidade que não experimentava desde antes de meus pais morrerem. Lembrei-me de um dia que passamos juntos no parque – meus pais tão apaixonados, meu pai brincando com minha mãe e me carregando nos ombros. De repente, foi como se uma câmera tivesse dado um zoom no rosto da minha mãe. Chocada, eu vi o que estava escondido atrás da orelha dela, um presente do meu pai. Era uma flor roxa, a mesma cor da flor que eu havia acabado de ver. Naquele momento, me desmanchei em soluços, cheia de tristeza por causa dos meus pais, mas, ao mesmo tempo, com um sentimento de paz e de aceitação de mim mesma. Percebi, então, que havia algo maior que eu no Universo – talvez em todos nós. Algo mudou em mim naquele dia, e eu nunca mais fui a mesma. Não estou dizendo que nunca mais tive dúvidas e nem sei como chamar o que eu senti. Todavia, eu não tenho mais raiva de "Deus" e encontrei paz dentro de mim.

Por muito tempo, queria que Deus se mostrasse de forma evidente e que provasse que ele era real. Enquanto estava diante do arco-íris, eu me lembrei da história de Roberta e gritei: "Onde está a minha flor roxa?!". Em outras palavras, muitas vezes não percebi o milagre que estava bem em minha frente.

Hoje, costumo sair apressada de casa para passar o dia na cidade e sei que inevitavelmente vou esquecer alguma coisa. Mas não vou me esquecer, pelo menos por hoje, de procurar o arco-íris que está lá fora. Vou falar com meus clientes do escritório e escrever ao mesmo tempo, xingar os motoristas lentos e, depois, pedir desculpas. Vou pensar sobre o futuro e farei o meu melhor para me concentrar em ser hoje. Vou derramar lágrimas com David enquanto comemoramos mais uma tarefa cumprida da nossa enorme lista de afazeres pós-incêndio, a qual, por algum motivo, parece aumentar em vez de diminuir.

Estou finalmente aprendendo a confiar em mim mesma – a confiar nos erros, no caos, no esquecimento, na maldade, no riso, na alegria, na sabedoria, na força, nas lágrimas, no amor e em muito mais. Há algo com que posso contar. Não tenho certeza do que é. Ainda não sei que nome dar. Talvez seja Deus. Talvez seja a gravidade. Talvez seja a certeza de que isso também passará. Talvez seja a sabedoria que vem com a idade.

Talvez sejam as sábias palavras de Rumi: *"Há uma manhã dentro de você esperando para romper-se em luz".*

Para refletir

Como você espera aprofundar sua relação com o divino? Você espera que Deus se revele? Você procura por Ele no dia a dia?

Você se sente cuidado por algo maior, que o divino presta atenção em suas orações, suas preferências e suas atividades? Se assim for, o que parece adequado pedir e o que ainda parece, de algum modo, "fora dos limites"?

Como sua relação com um poder superior tem mudado ao longo dos anos? Como sua compreensão e sua experiência têm afetado seus sentimentos sobre segurança e risco?

16

Saber quando parar

Eu costumava ser diferente, agora sou o mesmo.
(WERNER ERHARD,
FUNDADOR DA EST – TREINAMENTO EM SEMINÁRIOS)

Em um piscar de olhos, minha gigantesca biblioteca de autoajuda virou cinzas. Estranhamente, grande parte da minha orientação natural se queimou com aqueles livros que tentaram me ensinar a ser melhor, mais forte, mais rápida e, ao mesmo tempo, mais pacífica. Junto com os livros havia cadernos cheios de anotações dos meus estudos de pós-graduação, treinamento de massagem e *workshops* de crescimento pessoal. Foram embora também revistas, colagens e CDs.

Muitos livros e cadernos permaneceram fechados, não lidos, com tarefas não feitas. "Você não está fazendo o suficiente", eu frequentemente os ouvia falando. "Você precisa. Ande logo, não se esqueça, não perca. Não estrague tudo. Você está perdendo oportunidades. Agora é a hora. Apresse-se, apresse-se." Ainda ouço seus fantasmas falando comigo. "Não", eu digo, "não vou ouvir mais, não vou cair na armadilha de novo".

Você está enganado se pensa que eu sou cínica sobre autoajuda. Bem, talvez não completamente. A verdade é que a autoajuda não nos prende, nós é que nos aprisionamos. Como me atrevo a escrever um livro que será classificado como autoajuda? Autoajuda tem me alimentado, pagado minhas contas, além de ter me fornecido ferramentas que nunca tive antes. Vou tentar andar na linha tênue entre desfrutar desse belo e digno caminho e ser engolida pelo fogo da sua urgência tantas vezes fictícia.

O problema é que muitas pessoas são realmente viciadas no próprio aperfeiçoamento. Quando eu me dei conta de que isso acontecia comigo, a resposta não era fazer mais um curso sobre como lidar com meu vício em autoajuda, mas, sim, para descobrir o que estava de fato acontecendo. Alguns ficam presos em um círculo de autoajuda. Estamos determinados a encontrar respostas em um nível profundo, um nível que frequentemente mantemos escondido de nossa consciência, e permanecemos insatisfeitos. É como se acabássemos morrendo de fome em meio à abundância.

Para refletir

Você deseja ser diferente? Você gasta muito tempo desejando mudar? Você espera que, talvez, se você mudasse, a vida seria melhor?

Quando você é apresentado a novas oportunidades para aprender e crescer, você tem dificuldade em distinguir entre novas informações e métodos realmente bons e mais uma mensagem "fique rico/perfeito/conectado-com-Deus"?

Você acha que ainda há um grande segredo que você não sabe e que a vida será melhor quando descobri-lo?

Neste momento (e isso sempre pode mudar!), verifique com anda sua relação com a autoajuda ou a transformação. A autoajuda aumenta sua alegria e sua liberdade ou aumenta a pressão para você ser diferente do que você é? Ou os dois?

Muitos de nós passam a vida se esforçando para isso. Fazemos o próximo *workshop*, lemos o próximo livro, seguimos o próximo guru, tudo isso com um desejo ardente de se tornar uma nova pessoa. Em seguida, a poeira baixa, a novidade desgasta, e nós acordamos, olhamos no espelho e nos deparamos com a mesma pessoa de antes. Isso pode ser uma grande decepção – para mim, pelo menos, sempre foi. Depois de cada avanço no crescimento pessoal, eu esperava ser diferente. Depois de um fim de semana aprendendo xamanismo, eu esperava ser diferente. Depois de dar uma palestra em um local que desafiava meus medos, eu esperava que fosse diferente. Depois de escrever meu primeiro livro, eu esperava que fosse diferente. Eu poderia dizer que essa é a mais prevalente e persistente história da minha vida, talvez um bom epitáfio para minha lápide: "Eu esperava ser diferente, e eu era um pouco, mas nada muito perceptível".

Muitas vezes me perguntei:

"Quando foi que a autoajuda se tornou sinônimo de 'há algo de errado comigo'?"

"Como foi que a autoajuda se tornou uma eterna busca por algo, uma busca para fora de si?"

"Por que a autoajuda se tornou a necessidade do professor perfeito, do livro perfeito, do curso perfeito ou da prática perfeita?"

"Como foi que a autoajuda passar a ser sobre algo lá fora, no horizonte?"

"Quando foi que a autoajuda se tornou um palavrão?"

É hora de aproveitar isso ao máximo. O que está realmente acontecendo aqui? Como é possível que muitos de nós vivam tão profundamente insatisfeitos?

A verdade é que nunca estamos contentes. Vamos para lá e para cá, esperando encontrar a verdade sobre a vida e sobre nós mesmos. Em um belo dia, vamos chegar e tudo vai fazer sentido. Vamos finalmente estar bem. Seremos "consertados".

Após o incêndio (pela primeira vez em muito tempo), eu não senti vontade de ler livros de autoajuda. Ocasionalmente, alguém sugeria um livro sobre a dor, mas percebi que a maioria (se não todos) falava sobre o luto devido a morte ou doença. Sempre à procura de meios para prejudicar meu processo, senti que esses livros eram meramente sugestivos, que eu tive sorte de não passar por esse tipo de perda. Eu também não almejei nada do que prometeram "Os cinco passos fáceis para passar pela dor com alegria e tranquilidade", ou algo assim, sem qualquer sentido.

Em vez disso, eu falei, chorei, escrevi – e, ocasionalmente li livros, mas somente daqueles autores que não tinham medo de mostrar seus pontos fracos.

Em seguida, um novo livro me chamou a atenção. Atraída pelo título, pensei: "Ah, *esta* autora é minha alma gêmea". Lendo sua história, eu me identifiquei e senti que ela estava me descrevendo. E assim, continuei lendo. E continuei. Em vez de uma história original de um ser humano (com o qual continuei a me identificar), a narrativa degringolou (ou assim me parecia) para uma típica fórmula de "testado e aprovado" de autoajuda. Aqui está a fórmula, caso você não esteja familiarizado com ela:

Eu era assim: irritada/viciada/gorda/sozinha/desajustada... (preencha o espaço em branco).

Então algo aconteceu, e... Fui transformada!

Depois disso, minha vida nunca mais foi a mesma. Nunca!

E agora você também pode ter isso (experiência/resultados/êxito/vida/dinheiro/trabalho/relacionamento...). Basta seguir os cinco passos descritos neste livro.

Essa fórmula me causa náuseas.

Eis uma das minhas principais queixas quanto à autoajuda: todos já ouvimos essas histórias – a vida de alguém se transforma de alguma maneira depois que alguma coisa acontece. Então, por que isso não acontece com todos nós? Porque não é assim tão simples. E acabamos nos esquecendo disso por causa da nossa interminável espera que um dia, de uma vez por todas, realmente sejamos "consertados". Mantemos a esperança de que nunca teremos dúvidas novamente, nunca teremos medo novamente, nunca faremos perguntas novamente. Seremos sempre felizes, magros, ricos, bem-sucedidos, satisfeitos, inteligentes e espirituais. Por isso, continuamos comprando livros, assistindo às aulas, estudando com mestres, *ad infinitum*.

Como tenho ouvido nas salas de recuperação das Doze Etapas, nós lutamos pelo progresso, não pela perfeição. Mas quantos de nós, no caminho da autoajuda, dizemos: "Oh, sim, o progresso é o suficiente para mim!". Isto é, quantos dizem isso e quantos *realmente querem dizer isso?* A maioria dos nós – e, se você ainda está lendo este livro, vou assumir que você é um de nós – está esperando pela perfeição que nunca alcançará.

Talvez existam pessoas que fazem isso perfeitamente, o tempo todo. Elas parecem escrever livros que afirmam que elas fazem. Eu não conheço nenhuma. As pessoas que conheço continuam lutando.

Pouco depois do incêndio, um amigo bem-intencionado me disse "Sai dessa". Eu recusei educadamente. Eu sabia que não era a hora de sair dessa. Eu precisava estar onde eu estava em meu luto. Eu não estava pronta para colocar o selo de transformação em minha experiência. Não era hora de entender todas as lições daquela tragédia.

Então, menos educadamente, chamei uma das minhas amigas com quem eu poderia ser verdadeira e xingar: "Sair dessa! Que *p@#*&!* isso quer dizer?!".

Ela riu de mim e elogiou minha raiva. "Boa!", ela disse, "você está expressando um pouco daquela raiva reprimida! Já estava na hora".

Sentindo-me mais à vontade, pude encarar minha raiva.

Em seguida, falamos sobre minha necessidade crônica de ser boa e agradável, de fazer a coisa certa, de sempre usar minha caixa de ferramentas espiritual, de criar um contexto de capacitação. E, novamente, não estou criticando tudo isso, mas vocês, "bons amigos espirituais", sabem o que quero dizer. Vocês sabem o quão enfraquecidos podemos ficar quando não temos permissão para acessar todas as nossas emoções – quando algumas emoções são consideradas mais legítimas e válidas que outras.

Muitos de nós ficamos presos à ideia de perfeição. Eu tenho tantos anos de desenvolvimento pessoal que estou acostumada a procurar pelo aprendizado. Mais uma vez, não há nada de errado nisso, a não ser que eu possa pular algumas coisas desagradáveis. Minha cliente e amiga Sara Nowlin está escrevendo um livro chamado *Amando o seu feio*, um título com o qual me identifico profundamente. No livro, ela fala sobre como é fácil dizer que amaremos tudo em nós mesmos – e o quão difícil é, na verdade, fazer isso.

Durante anos, tenho pregado o tema "abrace a sua humanidade". Eu sempre apreciei a crueza, o realismo e a profundidade dos sentimentos. E após o incêndio, uma consciência mais profunda surgiu do fato de que eu realmente não aceitei toda a bagunça e a sujeira.

Há uma armadilha que muitos de nós que estamos em uma jornada transformacional caímos. Nós achamos que, porque "sabemos" mais, devemos sempre "ser" melhores. E, portanto, não permitimos muito espaço para a angústia e a tristeza.

Essa perfeição transformacional é desgastante. Não devemos ser líderes de torcida sempre. "Crie algo novo – *uau!*", "Você está mentindo para si mesmo – *oh, céus!*", "O que você está atraindo para sua vida? – *me amordace!*" etc. Tudo isso pode assumir grandes proporções. Nós também podemos cair na armadilha de falar sobre transformação, em que todas as palavras que saem de nossa boca soam como jargão. Eu mesma faço isso – após duas décadas "em transição", fui completamente doutrinada. Falo de recuperação, de terapia, de transformação e de espiritualidade. Frases e palavras específicas são utilizadas por uma razão dentro de cada uma dessas áreas. Elas trazem um estado de espírito, uma essência, uma mensagem e transmitem tudo isso com clareza àqueles que precisam que as besteiras o afetem mesmo. No entanto, para os não iniciados, elas podem surpeender – e, às vezes, até mesmo para os iniciados.

Não estou dizendo que eu não vou usar jargão. Estou sugerindo que aqueles que o utilizam precisam estar cientes de como ele afeta outras pessoas. Você sabe como foi difícil escrever aquela sentença anterior sem nenhum tipo de jargão para expressar meus pedidos de menos jargões? Muito difícil. A verdadeira questão é: não vamos nos esconder atrás de jargões. Não vamos rotular a coisa. Não estou enfraquecida, estou apenas sofrendo. Não é que eu não esteja disposta a mudar, estou simplesmente deixando-me lamentar. Eu precisava estar exatamente onde eu estava, bagunçada, exposta, chorosa, desgostosa e tudo o mais. A permissão para sermos nós mesmos vem de dentro. O que nos mantém à espera de conceder a permissão é o medo – medo do desconhecido, medo de desmoronarmos de vez e não voltarmos, medo de não sermos aceitos etc. Quando nos damos permissão, nos concedemos a liberdade de ser. Nesse ponto, nossas emoções podem fazer um ótimo trabalho, desde que deixemos de interferir em seu trabalho. Lágrimas podem nos suavizar para o amor ou para o riso quando permitimos que elas fluam – lentas e completas – em vez de reprimi-las. A raiva nos ajuda a impor limites e nos lembra do nosso poder de dizer o que é demais para nós. Essas duas emoções – tristeza e raiva – têm má reputação na cultura norte-americana, sempre tão "ensolarada", mas sua expressão saudável não é o prejudicial. Prejudicial é quando as suprimimos de forma tão virulenta que elas tendem a explodir, dominar e ficar por perto tempo demais, assim como adolescentes temperamentais ficam trancados em um porão sem comida ou iPods.

Quero agradecer à amiga que me ajudou a esclarecer para mim mesma onde eu estava e onde eu precisava estar – ela sabe quem ela é.

Ao longo deste livro, tenho falado sobre minha dedicação a me permitir estar onde estou. Eu faço isso por mim mesma, é claro, e também para aqueles que anseiam a permissão de se deixarem ser. É engraçado que a permissão que buscamos vem de nós mesmos, vem de dentro. Somos nossos próprios carcereiros, mas continuamos pressionando ou nos rebelando contra algumas forças externas invisíveis, que estão em algum lugar lá no fundo, e mantemos as amarras intactas. Isso é simplesmente idiota, não é? Não estou dizendo que não temos pressões externas e vozes que nos mantêm preso, mas, no fim das contas, tudo se resume a nós. A maioria de nós sabe disso, mas pôr em prática é algo totalmente diferente.

Para refletir

Você está se escondendo atrás da *persona* da perfeição? Está desconfortável com a sua própria bagunça? Você pensa isso porque você tem as ferramentas, e isso significa que você sempre deveria usá-las? Que tal expandir sua caixa de ferramentas, incluindo a permissão para que venham à tona algumas? O que você acha que pode acontecer se você experimentar (conscientemente) a raiva, o medo ou a tristeza?

Susan, aspirante a autora e condutora de *workshops*, me contou esta história:

Fui apresentada a um dos grandes gurus quando eu era bem jovem. Crescer em um ambiente em que só falávamos sobre o positivo foi incrível. Eu aprendi muitas coisas para manifestar o que eu queria. Se algo não acontecia para mim, era óbvio que eu não o queria realmente ou que, de algum modo, eu havia aberto mão de uma de minhas maneiras "hostis" de pensar. Trabalhamos incessantemente para vencer nossos padrões de pensamentos antigos e destrutivos e os visualizamos sendo levados pela maré, desaparecendo em uma nuvem de fumaça ou até mesmo sendo enterrados na terra. Após essas sessões, sempre me sentia mais leve e mais confortável. Sorria com frequência, tinha muitos amigos, era bem-sucedida em meu trabalho e atraía homens maravilhosos para minha vida.

Então, um dia, um membro do meu grupo nos contou algo terrível que havia acontecido com sua filha. A multidão silenciou quando ela compartilhou suas lágrimas e sua raiva. A líder interrompeu-a e disse: "Não fale essas palavras, você só vai atrair mais disso. Você precisa entender que em algum nível, foi sua filha quem atraiu isso para vida dela e deve-se considerar que você atraiu também". Senti uma agitação entre as pessoas que estavam ali – algumas pareciam balançar a cabeça em concordância; outras pareciam tão chocadas quanto eu. Sim, eu podia entender, em teoria, o que estava sendo dito, no entanto, ali estava uma mulher claramente angustiada, que estava sendo interrompida – ou devo dizer culpada? Eu estava indignada, mas sabia que se abrisse a boca naquele momento, eu seria "instruída" também. Naquela noite, eu me revirei na cama. Pensei em todas as ótimas coisas que aconteceram em minha vida. Eu amava me sentir positiva e atrair experiências mais positivas. E muitas vezes eu já questionava como conciliar isso quando coisas "negativas" acontecessem.

Sempre acreditei que poderíamos extrair algum aprendizado de qualquer acontecimento. Mas, ainda assim, como eu vi nos olhos daquela mulher, sabia que grandes dores existiam, e eu queria dar espaço para isso também. Nos meses seguintes, cheguei à minha própria realização, o que senti como um novo patamar de crescimento. Deixei o guru e o grupo sem ressentimentos, verdadeiramente grata por tudo o que havia aprendido, mas pronta para me abrir a mais experiências humanas, sem a necessidade de censurar emoções cruas. Para dizer a verdade, quando me permito sentir minha infelicidade, eu me sinto mais feliz do que nunca.

Sim, há grandes mestres e grandes lições a aprender, bem como há ótimos livros e ótimos cursos. Ganharemos visão e conhecimento e até mesmo assumiremos novos comportamentos. O campo de autoajuda que tem me alimentado por anos é tanto um aliado quanto um inimigo. Ele promete que o próximo grande acontecimento – a pergunta perfeita, o mantra perfeito, a consulta perfeita ou o ritual perfeito – colocará tudo em seu devido lugar. Não sei quanto a você, mas eu tento que tudo fique no lugar faz muito tempo, mas nem sempre é isso que acontece – não está exatamente onde deveria estar ou como eu acho que deveria estar. E, se estiver no lugar por um momento, sai segundos depois.

Isso não quer dizer que tentativas enormes de deixar tudo em ordem, como ficar sóbrio, não nos transformem. Eu não sou mais a garota perdida que comia e vomitava em seguida. Escrever meu primeiro livro, de fato, demonstrou que sou capaz de escrever; e portanto, levo esse conhecimento para a escrita do segundo e do terceiro. Mas, na verdade, quando você olha para a situação, de muitas maneiras somos realmente os mesmos – apenas maiores, mais velhos, em versões mais enrugadas dos nossos antigos eus ansiosos.

Para refletir

Você está preso em seu círculo de autoajuda? Como você usou suas ferramentas de transformação para vencer a si mesmo?

Quais são suas partes que tendem a ficar ofendidas e desprezadas quando você se agarra com muita força a uma versão "ideal" de quem você deveria ser?

O fogo muda o cenário, destruindo tudo em seu imprevisível caminho, mas ele também é capaz de unir. Eu vejo a evidência física disso em nossos escombros. Eu vejo isso em nossa bela porta da frente feita à mão, com o vitral antigo carinhosamente criado por meus mentores, Bill e Sandy. Encontramos pedaços de vidro torcido incrustados em nosso capacho de metal. Os elementos se uniram permanentemente. Agora, parte de uma coleção de artefatos nasceu de novo, com uma

O que você está esperando? 163

beleza sombria própria – maculada, mutilada, retorcida, mas forte e feroz. Há, ali, uma síntese da fúria do fogo. Devo confessar que o mesmo está acontecendo comigo. Transformações estão ocorrendo – algumas delas inconscientemente ou sem minha permissão. Eu ainda não sei quem serei. Estou no corredor metafórico entre o que foi e o que será. O que importa para mim? Como escolherei passar meu tempo quando a grande quantidade de documentos de seguro estiver completa? Qual será o meu trabalho? Qual é a minha missão? A nuvem de tristeza obscurece o que está por vir. Percebo que, no momento, ainda não preciso saber nada disso. Tento me manter no desconhecido. Espero emergir como o vidro e o metal retorcido que sobraram: alterados, cheios de personalidade.

Estou pronta para descobrir as metáforas do incêndio. Busco uma explicação mística para essa grande aventura. Há uma abundância de sinais de uma atuação mística, tanto no conhecimento preexistente quanto no novo. Ainda não estou pronta para compartilhar tudo isso, mas eu sei que está lá, está vindo, é parte de minha transformação.

As metáforas vão me assombrar se eu não parar para enfrentá-las. Esse é o meu caminho de cura. Continuo essa exploração por meio da escrita sem saber o que está por vir, mas com a necessidade de seguir adiante. Eu continuo com honra em meu coração.

Quem eu era está queimando, e esse processo é mais lento e cuidadoso que o incêndio que consumiu a minha casa.

17

Não esperar mais?

Eu queria um final perfeito. Hoje aprendi, da forma mais difícil, que alguns poemas não rimam e que algumas histórias não têm um começo claro, um meio ou um fim. A vida é não saber, é ter de mudar e é agarrar o momento e fazer dele o melhor, sem saber o que vai acontecer a seguir. Deliciosa ambiguidade.

(Gilda Radner)

Para criar uma sensação de "lar" em nosso terreno queimado, contratamos um homem encantador chamado Javier para construir um terraço onde pudéssemos parar e cheirar as rosas – ou para nos escondermos das cinzas. Enquanto Javier se preparava para partir, ele olhou uma última vez para a nossa vista panorâmica, e essas palavras saíram de sua boca: "Pelo menos vocês...".

Agora, eis o que você precisa saber: desde o incêndio, essas palavras costumavam preceder uma declaração inflamada – vinda de pessoas desconfortáveis com a tragédia – sobre algo a que deveríamos ser gratos. "Pelo menos vocês têm seguro", "pelo menos vocês pegaram seus animais de estimação", "pelo menos vocês têm bons amigos". Fui avisada por outros sobreviventes de incêndios que isso iria acontecer, e realmente acontece. Dessa vez, no entanto, meu coração se abriu para

Javier quando ele terminou: "... têm esse terreno e essa vista". Concordei plenamente com ele.

Sim, pelo menos temos esse terreno e essa vista. Temos muita sorte. Temos um local belo e sereno, mesmo com cicatrizes. Eis a riqueza da vida: eu posso perceber minhas bênçãos e, ainda assim, ter minhas crises. Posso ser grata por tudo ter sido relativamente "fácil", em comparação a outras pessoas, e me libertar da necessidade de experimentar essa gratidão a cada momento. Eu não preciso mais esperar por isso.

Ontem, na minha reunião das Doze Etapas, o tema foi "desapego", algo sobre o qual sempre conversamos. É interessante ouvir as diferentes perspectivas sobre o assunto. Algumas são curtas e grossas; outras são bastante complexas. Muitas parábolas são compartilhadas para ilustrar a simplicidade do desapego aliada à nossa capacidade de complicar e resistir a qualquer coisa simples. Desapegar realmente parece fácil, e a maioria de nós sabe que não é – é simples, mas não é fácil. Podemos desapegar e, depois de alguns instantes, nos apegarmos rapidamente de volta. Muitos somos como cães raivosos roendo um osso até que as gengivas sangrem.

Depois de uma fala particularmente emocionante, reafirmei meu compromisso de desapegar. Farei isso, isso vai acontecer, isso também passará etc. Essa é a visão geral da situação. Em uma visão menor, na qual a maioria de nós vive, preciso estar onde estou. É o seguinte:

Deixe ir, pegue de volta, deixe ir de novo... Ah, espaço e liberdade. Fiquei perturbada. Droga!!! Respire. Desapegue. Certo, entendi. Estou desapegando. Paz. Espere um minuto – o que você disse? Mexa-se, mexa-se, mexa-se. Oh, você não quis dizer "isso"? Você realmente me ama? Certo, eu entendo. Sinto-me feliz! Estamos realmente bem. O quê? Outro incêndio em nosso estado e mais pessoas morreram? O que há de errado com o mundo? Por que há tanto sofrimento? Uau, que belo pôr do sol! Oh, você viu aquele veado bebê? Eu amo meus cães. Ah, não, estou com dor de garganta, talvez esteja ficando doente. Droga! Deus me odeia. Deus nem existe. Nada faz sentido. Estou com sono. Eu amo minha cama aconchegante. Tão feliz por ter meu travesseiro de penas. Ah, a vida é boa. Agora mesmo. Neste momento. Espero que nada aconteça hoje...

Nossa mente ocupada, com pensamentos incessantes, é nossa companhia constante. Os budistas a chamam de mente de macaco: volúvel, inquieta, facilmente distraída, vive tagarelando em nossas orelhas vulneráveis. Enquanto clama por atenção, algumas pessoas têm mais facilidade de mantê-la presa, lembrando que ela nos conta um monte de mentiras. Outras têm o que nas reuniões das Doze Etapas chamamos de "bloqueio de esquecimento". Em 1989, aprendi a mais simples das explicações para meus pensamentos aparentemente malucos: eu me esqueço de que meu medo não é a verdade. Eu me esqueço disso várias vezes, sempre. E, então, ocasionalmente eu me lembro – às vezes isso acontece rápido, mas de vez em quando leva um tempo. Com uma dedicação em longo prazo ao caminho de crescimento pessoal vem a experiência de ter vivenciado muitos incêndios. Uma vez que passamos por incêndios suficientes, começamos a ter maior consciência de que, um dia, ficaremos bem novamente. E, um dia, vamos ver os aprendizados. E, um dia, o acontecimento vai ficando para trás, tornando-se parte de nossa história, mas sem estar presente em tudo o que pensamos, dizemos ou fazemos.

Por que devemos resistir à nossa natureza humana selvagem e maluca? A maioria de nós, envolvidos com autoajuda e em busca espiritual, já ouviu falar que "aquilo a que você resiste persiste". Quando resistimos a algo, voltamos nossa atenção a essa resistência, acabamos fortalecendo-a, endurecendo-a e transformando-a em algo concreto que torna-se "apenas da maneira que é" – seja lá o que for.

E se não resistíssemos a nada – principalmente às nossas fraquezas humanas? E se aceitássemos o conhecido convite de Gandhi para sermos a mudança que queremos ver e realmente começássemos por nós, independentemente das circunstâncias?

Uma das coisas mais importantes das quais estou desapegando hoje é de como o "desapego" deve ser. Para mim, desapegar é um processo, não algo momentâneo. Eu sou como o clima – às vezes ensolarada, às vezes nublada. Abrirei meu coração a pessoas como Javier e me permitirei ver o mundo através de seus olhos gentis. E às vezes acordarei mal-humorada e discutirei com meu marido por uma razão qualquer. Então, voltarei atrás e me lembrarei de que ele é minha pessoa favorita no mundo e que tudo o que eu realmente quero é que ele seja feliz. Acariciarei sua cabeça, oferecerei mais café e farei as pazes. Mais tarde, talvez eu me irrite durante a espera de algum serviço de atendimento ao cliente. Vou fazer carinho nos meus cachorros e ficarei totalmente agradecida pela presença deles. Vou comemorar a pequena quantidade de coisas "velhas" que carreguei comigo para fora da minha casa, como meu suéter de lã de gola alta e meu cobertor de lã costurado à mão.

Esqueceremos, lembraremos e, então, esqueceremos novamente. E, um dia, lembraremos por mais tempo. Há pouco tempo, encontrei um bilhete que escrevi dia 24 de março, apenas dois dias antes do incêndio.

Vida

Se soubéssemos, teríamos iniciado essa jornada? Se soubéssemos, esqueceríamos quem somos, passaríamos grande parte de nossa vida sendo nossos piores inimigos, nos destruiríamos para um dia perceber que nada realmente importa, exceto o amor? Teríamos dito sim *para essa aventura? Dizem que a sabedoria vem com a idade, mas sabemos que isso não é algo garantido. É preciso disposição para se autoconhecer, o que é diferente de ser autoconsciente.*

O autoconhecimento diz respeito a termos perspectiva sobre nós mesmos, bem como sobre nossas fraquezas humanas, sem considerar isso errado – ou percebermos assim que começarmos a fazer tudo errado. A autoconsciência é uma autoabsorção extrema, o que também não é errado; é apenas uma distração de quem realmente somos.

Comemorei a chegada dos meus 40 anos quando ouvi dizer que se trata de uma idade em que começam a diminuir as preocupações com todas as coisas que antes pareciam tão importantes. A esperança era de um amadurecimento da necessidade de ser amada, uma diminuição de minha impulsividade e um nível mais profundo de autoaceitação. Acredito que isso tenha acontecido. E, agora, como acabei de virar a esquina dos 40 e poucos anos, indo em direção à próxima parada, meus 50 anos, faço um novo balanço de onde eu estou e quem eu me tornei.

Esses pensamentos permaneceram como uma exploração inacabada, sentada na frente do meu computador, à espera de uma conclusão.

Em vez disso, eu me pergunto quem vou me tornar depois dessa grande aventura. Meu mundo se abalou no dia que minha casa pegou fogo. A vida, como eu sabia, se alterou, e tudo mudou. Entendi que não preciso saber por que isso aconteceu. Quero saber que vou crescer. Eu não sou quem eu era naquele dia, e eu ainda não sei bem quem vou ser. Não que eu fosse tão ruim antes, mas adivinhe? Você pode não acreditar, mas eu quero que isso traga alguma transformação. Eu quero ser mais profunda, mais forte e mais sensata. Eu quero estar mais disposta a desapegar e mergulhar no desconhecido.

Quem sabe o que o futuro trará? Eu certamente espero que possamos ter águas mais calmas por um tempo. Mas só porque isso já aconteceu, não significa que não acontecerá. Precisamos pôr o cinto de segurança para esse passeio selvagem chamado vida. Posso optar por não segurar firme no volante e olhar de verdade para fora da janela.

Sou capaz de dançar na beira do abismo, porque, no fundo, sei que vou ficar bem, mas isso não significa que eu esteja sempre certa. Há muitos momentos em que eu esqueço. No entanto, o saber permanece. Volto a ele. É uma voz tranquila ou simplesmente uma sensação. É uma experiência de liberdade. Agora sei que posso e passarei por qualquer coisa. Por favor, não me teste nisso! Obviamente, não estou pedindo mais grandes lições de vida em um futuro próximo. Nesta manhã, eu estava de luto, com saudade da minha casa e da minha vida antes do incêndio. Então, rolei na cama e olhei primeiro para meus cachorros dormindo, um nos meus pés, e o outro, enrolado em sua cama. Em seguida, olhei para David. "Ah", suspirei, "eles são tudo o que realmente importa".

Para refletir

Todos já passamos por situações na vida ou no mundo ao redor que serviram como um lembrete para acordarmos de alguma forma – ou para nos lembrar o que realmente importa. Quando isso acontece, como você se relaciona com esse chamado para que você acorde, enquanto a vida segue em frente? Você continua acordado ou aperta o botão "soneca" e volta a dormir? Em qual área da vida você apertaria o botão "soneca"? O que seria preciso para você enfrentar a realidade? O que realmente importa para você? Olhe para sua espera e tente ver como ela é gentil, misericordiosa, se ela está cumprindo um processo e como ela simplesmente serve para mantê-lo preso onde você está.

Essa coisa chamada vida é tudo o que acontece e como isso se reflete em nós. O chão vai continuar se movendo sob os nossos pés. Contamos com o nascer do sol todas as manhãs e esperamos que o dia seja parecido com o anterior. Temos de contar com isso; caso contrário, perderíamos nosso centro. No entanto, lá no fundo sabemos que não podemos contar com nada. Está tudo ali, enquanto giramos em um Universo que mal podemos compreender, em um mundo que pode nunca fazer sentido, até que faça.

As chuvas vêm e lavam as primeiras camadas de fuligem sobre nosso terreno. Mas elas são tão profundas e tão grossas que parece que ficarão lá para sempre. Parece que nada pode acabar com a escuridão. As coisas nunca voltarão a ser como antes. Mais tarde, uma camada de neve cai, cobrindo a escuridão. De repente, parece estar diferente. A destruição está coberta de branco. Eu sei que ela ainda está lá, mas por um momento ela permanece fora de vista. A neve derrete e revela a escuridão, mas esta parece que está um pouco mais clara. Alguns brotos verdes emergem do solo. Eles são esperança? Será que vão conseguir? Eles são tão pequenos que talvez não façam diferença.

Chove novamente. Um pouco do cheiro dissipa. Sinto um pouco desse cheiro neste momento, vestígios da queimada. Ou será que estou me acostumando com a nova fragrância?

Grupos de anjos em forma humana descem e começam a juntar os pedaços. Lentamente, é claro, mas de modo constante, o entulho é removido. Tesouros emergem da bagunça – pequenos sinais de alguma coisa. Lembranças de uma vida. Lembranças de amor dado e recebido. Ah, eu me lembro: tudo o que temos é o agora, tudo está bem. Nós, seres humanos, podemos perceber que somos inteiros, completos e perfeitos; no momento seguinte, esquecemos tudo isso. Então, se em um instante esquecemos, no outro podemos lembrar novamente.

O local continua a se transformar, e eu não sei o que será, não sei quem eu serei, não sei quem eu sou. No entanto, eu sei. Eu sou uma fênix emergindo das cinzas.

Agora, eu não espero mais, até que eu espere novamente.

E estou recuperada, pronta para refletir.

Palavras finais

Tudo não morre no final, e cedo demais?
Diga-me o que você pretende fazer
com sua vida única, selvagem e preciosa.
(MARY OLIVER, O DIA DE VERÃO
[*THE SUMMER DAY*])

"É um bom dia para morrer", eu disse ao meu companheiro de voo enquanto o avião decolava. Não é assim que costumo iniciar uma conversa, mas naquele momento senti uma grande vontade de dizer aquilo. Eu sabia que o próximo dia poderia ser diferente, como sempre, e eu não sou uma grande fã da morte.

Com o aniversário do incêndio e do meu luto se aproximando, decidi participar de um fim de semana de transformação com minha instrutora de confiança. Sempre andando nessa linha tênue entre encontrar minha própria verdade e aprender com meus mentores, decidi fazer uma imersão nos obstáculos, nos presentes e em todas as lições aprendidas nesse ano – era tudo de que eu precisava. Soma-se a isso o fato de essa instrutora em particular ter sido a única a me dizer palavras sábias e necessárias para o meu coração devastado pelo incêndio nos primeiros dias. "Não se conforme muito cedo", dizia para mim. Como você viu neste livro, levei suas palavras ao coração. Em vez de me conformar, deixei-me ter meu grande, confuso, arrogante e belo luto. No entanto, apesar de ter me comprometido com esse fim de semana de treinamento e de saber que isso me traria transformação, comecei a me perguntar meses antes se realmente era o momento certo. Será que eu me sentia apta a esse trabalho? Será que eu realmente queria ir? Talvez, apenas talvez, se eu esperasse mais um pouquinho, eu poderia me sentir mais preparada.

Minha dor havia diminuído em muitos aspectos, mas as olheiras e aquela sensação de fadiga crônica permaneciam. Uma certa leveza começou a se instalar e uma nova visão da vida emergiu, mas talvez, se eu esperasse até depois do aniversário do incêndio... ou depois das minhas férias... ou depois de alguma coisa... poderia ser melhor. "Mais tarde", eu pensava, "talvez mais tarde". No entanto, como com qualquer instrutor muito bom, meu apelo para mais tarde foi um "não ir". Foi um acordo. Estava em nossa agenda. Era para ser agora ou nunca mais.

Então, na Califórnia, encontrei minha instrutora, com planos de completar simbolicamente meu ano de transformação que se iniciou com o incêndio. Quando olhamos para onde eu havia estado e para onde eu estava indo, os desafios começaram: "O que bloqueia você? O que ainda está em seu caminho? Você será você mesma e descobrirá sua essência agora ou vai se esconder? Você vai fazer isso pela metade ou vai até o fim?".

Essas não foram as palavras exatas que ela usou, mas o sentimento bateu profundamente. Ela abriu espaço e, em seguida, me abraçou forte e disse que estava lá para me apoiar quando eu fraquejasse.

Tentei descobrir o que me segurava. Procurei a resposta para a difícil questão: "Por que eu espero? E o que é preciso fazer neste instante parar de esperar?".

Depois de muitas lágrimas, muitos risos, muito empenho, de expor minha alma e de alguns momentos lindos, eu me senti mais leve do que havia me sentido em anos. E, quando fechei a conta do hotel para começar minha viagem de volta, a sensação de que eu deixava algo para trás continuou. Aconteceu de novo quando saí do restaurante em que eu havia tomado café da manhã, e depois novamente, quando saí do carro da minha amiga no aeroporto, até que finalmente percebi o que era: eu deixava para trás uma parte de mim.

As palavras de Goethe expressam os pensamentos que inundaram minha mente ao embarcar no voo para casa: "Nossas paixões são as verdadeiras fênix; quando a antiga é queimada, uma nova ressurge das cinzas".

Enquanto virava essas páginas, você deve ter notado que o mundo não parou, diminuiu a velocidade nem mesmo mudou muito. Então, o que está diferente?

Em nossa jornada juntos, analisamos os cantos e os recantos da vida. Levamos luz a espaços empoeirados e mofados e varremos as teias de aranha. Olhamos para as principais áreas em que esperamos, que nos arrastam à lama. Distinguimos entre o momento em que é sensato esperar *versus* ser "atuantes". Conversamos sobre avançar enquanto cada parte de nós grita para pararmos.

Percebemos que a vida é imprevisível, que tem muitos altos e baixos e que continuará sendo "nossa vida". Aprendemos que podemos estar bem com isso, mesmo quando não nos sentimos bem. E admitimos que esqueceremos tudo, incluindo o quão maravilhosos somos; e em seguida, nos lembraremos novamente. Mostrei minha escuridão e compartilhei minha dor. Você conheceu outras pessoas que tiveram uma epifania que, por sua vez, alterou seus caminhos na vida.

Com os boxes "Para refletir", você pôde pensar no próprio caminho e dizer a si mesmo (e, felizmente, a outras pessoas confiáveis) sua verdade, seus segredos obscuros e suas alegrias.

Desejo que você tenha ganhado novas perspectivas ao longo do caminho. Talvez minhas palavras tenham reavivado sonhos perdidos ou esquecidos. Talvez elas tenham despertado medos antigos e colocado obstáculos em seu caminho. Você pode voar alto, baixo ou desacelerando. Eu espero pelo menos que você tenha iluminado suas sutis – ou nem tanto – maneiras de esperar.

E agora?

Você poderia simplesmente virar esta página, ir embora, e pronto. Cabe a você. Como sempre, a transformação cabe a você. O que você faz a partir de agora é escolha sua.

Sim, eu deixei alguma coisa no meu hotel, no restaurante e no carro da minha amiga. Enquanto eu estava sentada, olhando pela janela do avião e proferindo aquelas palavras ao meu companheiro de voo, eu me sentia mais completa do que nunca. Naquele momento, percebi que tudo está relacionado a momentos. A vida é uma série de momentos. Isso é tudo. Em um momento, desisto de esperar e, em outro, posso esperar novamente.

Ainda assim, encadeamos muitos desses momentos quando nos recusamos a esperar; como resultado, temos algo que se assemelha a uma benção. Benção foi o que senti no avião. Benção, presença e beleza – e todas aquelas emoções indescritíveis que fazem do ser humano algo tão incrível. Naquele momento abençoada, eu havia cumprido tudo o que me propus a realizar nessa vida? Não, mas eu sabia que havia ultrapassado meus limites, vivido intensamente, amado com convicção – e naquele fim de semana na Califórnia havia deixado para trás outro pequeno pedaço do que me segura.

Será que voltará? Quem sabe? Mas agora estou completa. Deixei meu antigo modo de ser morrer. Deixei meu medo morrer. Deixei meu luto morrer. Será que quero morrer de verdade? Não, eu quero viver.

Mas, para que paremos de esperar, temos de deixar parte de nós morrer. Para isso, precisamos fazer o que nos assusta, descansar quando precisamos descansar e, em seguida, fazer o que nos assusta novamente. O que você vai fazer? Você vai viver esse sonho, dar aquele mergulho, dar passos de bebê ou dar aquele salto? Você paralisará ao menor sinal de obstáculo? Você sussurrará em seu leito de morte que você gostaria de ter vivido de maneira diferente? O que você fará com sua única, preciosa e louca vida?

Leia Magnitudde

Mundo animal

Seu cachorro é o seu espelho
Kevin Behan

Em Seu cachorro é seu espelho, o famoso treinador de cães Kevin Behan propõe um radical e inédito modelo para a compreensão do comportamento canino. Com ideias originais e uma escrita cativante, o livro está destinado a mudar completamente a maneira de se ver o melhor amigo do homem. O autor usa toda a sua experiência para forçar-nos a uma reflexão de quem realmente somos, o que os cães representam em nossa vida, e por que estamos sempre tão atraídos um pelo outro. Fugindo das teorias tradicionais, que há anos tentam explicar as ações dos cachorros, Behan traz à tona a ideia de que as atitudes caninas são movidas por nossas emoções. O cão não responde ao seu dono com base no que ele pensa, diz ou faz. O cão responde àquilo que o dono sente. Este livro abre a porta para uma compreensão entre as espécies e, talvez, para uma nova compreensão de nós mesmos.

GRÁFICA PAYM
Tel. [11] 4392-3344
paym@graficapaym.com.br